北京市公园管理中心　编
Edited by Beijing Municipal Administration Center of Parks

園説

A Story of Gardens

Essences of the Cultural Heritages of the Famous Classical Gardens in Beijing

北京古典名园文物珍萃

文物出版社

图书在版编目（CIP）数据

园说：北京古典名园文物珍萃 / 北京市公园管理中心编. -- 北京 : 文物出版社, 2019.10
ISBN 978-7-5010-6205-8

Ⅰ. ①园… Ⅱ. ①北… Ⅲ. ①古典园林－名胜古迹－介绍－北京 Ⅳ. ①K928.73

中国版本图书馆CIP数据核字(2019)第149823号

园说——北京古典名园文物珍萃

编　　者　北京市公园管理中心

责任编辑　冯冬梅
文物摄影　孙之常
装帧设计　李猛工作室
英文翻译　李新伟
责任印制　张　丽

出　　版　文物出版社
社　　址　北京市东直门内北小街 2 号楼
网　　址　http://www.wenwu.com
邮　　箱　web@wenwu.com
印　　刷　北京地大彩印有限公司
经　　销　新华书店
开　　本　787 × 1092　1/8
印　　张　36.25
版　　次　2019 年 10 月第 1 版
印　　次　2019 年 10 月第 1 次印刷
书　　号　ISBN 978-7-5010-6205-8
定　　价　800.00 元

《园说——北京古典名园文物珍萃》编辑委员会

目录

图版目录

第一单元 平地山海 溯自辽金

第二单元 坛庙相望 天人合一

第三单元　三山五园　移天缩地

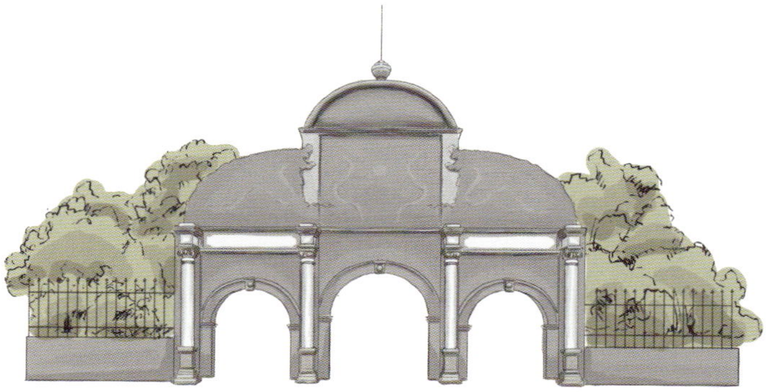

第四单元　百年公园　旧貌新颜

CATALOGUE

SECTION ONE:

URBAN PLANNING FEATURING HILLS AND LAKES

SECTION TWO:

TEMPLES AND ALTARS SYMBOLIZING HARMONY BETWEEN MAN AND NATURE

SECTION THREE:
SUBURBAN HILLS AND GARDENS REPRESENTING CULMINATION IN GARDENING ART

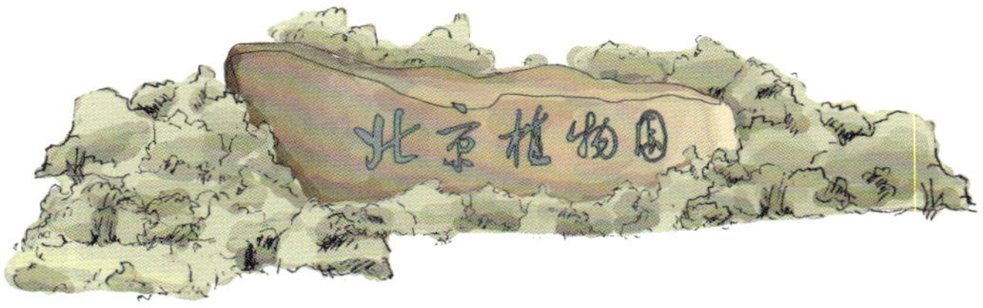
北京植物园

SECTION FOUR:

A New Era for Classical Gardens

前言

2019年5月18日国际博物馆日“园说——北京古典名园文物展”在首都博物馆正式拉开帷幕。市属十一家历史名园及中国园林博物馆所藏文物首次“走出”公园大规模集体亮相，这是首都文博界的一件盛事。

这次展览展出的文物品类丰富，价值巨大，多为名园中的重器，190件（套）文物包含铜器、瓷器、玉器、木器、书画、丝织品、赏石等多个门类，从功能上看可分为礼器、乐器、生活用具、室内外陈设。此外还有多种历史文献及图片资料。这些文物和文献资料从不同角度展现出古典园林在北京八百多年都城建置和历史变迁中的突出价值，记录了古典园林从皇家禁苑到人民公园，从传统保守走向开放创新的历史进程，见证了我们国家从贫弱走向富强的复兴之路，体现了园林与生活相融、传统与现代联通、人与自然和谐共生的发展理念。

以颐和园、天坛、北海为代表的北京古典园林，拥有着丰富的历史文化和自然生态资源，承载着深厚的城市文化内涵。园藏文物是在古典名园历史变迁中积淀下来的精华，是古典名园深厚文化内涵的生动体现。它们代表着中国古代高超的工艺制作技术，体现着中国古人高雅的审美情趣，蕴含着古人深沉的哲学思想，是中华优秀传统文化的重要组成部分。作为古典名园的守护者，我们有义务将其深厚的文化内涵展示给公众。

一直以来，在上级部门的正确领导下，在各级各有关部门的大力支持下，市属公园积极行动，践行让文物活起来的承诺，通过举办丰富多样的展览，伴以特色文创产品和优质文化活动，使园藏文物面向北京，走向全国，乃至走出国门，走向世界。不断推出的精品文物展览及相关产品，向公众诉说着北京古典园林的精彩故事，生动诠释了北京历史文化名城的风范和魅力，有力彰显了中华民族的文化自信。

为了使本次展览成果长久传播，让公众更多并更深入地了解园林文物的精华所在，主办方编撰形成了本书，以飨广大读者。本书以精美的图片和翔实的文字展示出园林文物的独特价值，进而也可知悉文物背后的园林故事与时代变迁。相信本书能够成为读者走进园林文物的桥梁。

以“园说——北京古典名园文物展”及本书的出版为契机，我们将不断加强历史园林文物保护工作，努力为园林文物保护事业提供更为优厚的物质条件和体制保障，为传承中华优秀传统文化搭建起广阔的展示平台，为市民、为公众奉上更为精彩的文化盛宴，开启文化传承与发展的新篇章。

未来，我们将与社会各界一道，开拓创新，携手并进，共同擦亮古典名园这张古都历史文化的金名片。

北京市公园管理中心主任

Preface

"A Story of Gardens–An Exhibition of Classical Gardens in Beijing" was launched on May 18 2019, the international Museum's Day. Arts from the collections of 11 famous gardens and the China Garden Museum in Beijing were exhibited to the public in this important event in the capital.

The totally 190 pieces/sets valuable bronze, porcelain, jade, wooden, silk objects as well as paintings, calligraphies and eccentric stones were "treasures" of these gardens. They had been used as ritual objects, music instruments, everyday utensils and furnishings. The exhibition also includes many ancient texts and old photos, showing the development and significance of classic gardens in the more than 800 years long history of Beijing as capital. These previous forbidden royal gardens became public parks during the development of Beijing and China from conservatism to modernism, from poverty to prosperity, and show the idea of development to harmony between garden and everyday life, tradition and modern, human and the nature.

These gardens, such as the Summer Palace, Temple of Heaven and Beihai Park have abundant historic and natural resources and are representatives of the profound cultural history of the city. These arts are the delicate remains survive from the long historical changes of the gardens, and keep the profound cultural spirit of classic gardens. They are also excellent examples of superb manufacture skill, elegant aesthetic taste, deep philosophical thoughts and traditional Chinese culture. As the guardians of these famous classic gardens, it is our duty to show these arts and their cultural significance to the public.

With the correct direction of the government and the great help of relative institutions, all the management institutions of the gardens have been very active to show their fine arts to the public in Beijing, China as well the world by various exhibitions, high quality cultural events and creative cultural products. These fine arts have keep telling to the public the splendid stories of the classic gardens, the attractive style of Beijing as a famous historic cultural capital and strongly improving the cultural confidence of the Chinese audience.

We publish this book of the exhibition to let the public understand more on the elegance of these fine arts. The excellent photos and detailed introduction not only show the special value of these arts, but also tell the stories and history of the classic gardens. I believe the book will be a bridge for the readers to enter the world of these gardens and the arts.

The publication of the book will be a start of our new effort to improve the reservation of these gardens by the investment of more funding and the reform of management system. We hope to establish a larger platform for the performance of excellent traditional Chinese culture, provide more splendid cultural events to the public, and write a new chapter of the inheritance and development of cultural heritage.

With the help of our friends and relative institutions we will make these classic gardens a keep shining golden name card of the ancient capital city of Beijing.

Zhang Yong
Director of Beijing Municipal Administration
Center of Parks

1

太湖石立峰赏石

Peak Like Taihu Stone

明（1368~1644年）

通高186厘米，重约254.7kg

太湖石菱花形石盆：长36、宽98、高58厘米

太湖石立峰：长83、宽39、高160厘米

中国园林博物馆藏

太湖石历史悠久，列为古代四大名石之首。其石形苍劲圆润，雄浑有力，粗犷简洁，石峰能达到“一峰而蕴千岩之秀”的神效。白居易在《太湖石记》中，提出奇石是一种缩景艺术，优游其间可达到“适意”境界的赏石理论。他在《太湖石记》中云：“撮要而言，则三山五岳，百洞千壑，覼缕簇缩，尽在其中；百仞一拳，千里一瞬，坐而得之。”这件明代太湖石假山连盆，上为太湖石假山，连贯通透，下为菱花形石盆，造型古朴典雅，从不同角度欣赏，令观者情感入禅，清新脱俗。

怪石嶙峋虎豹蹲，虬柯苍翠荫空村。
亦知匠石不相顾，阅历岁华多藓痕。
——明·张凤翼

2

双龙戏珠莲瓣纹石洗

Stone Basin with Double Dragon Playing A Ball and Lotus Petal Design

清中期

周长 324、通高 58 厘米

中山公园藏

石质。上部浮雕云龙、海水等吉祥图案，刻工工整，形式优美。下部设莲花须弥座。该石洗为 1914 年朱启钤先生倡议辟建中央（中山）公园时移置，以突显坛庙园林的风格。

第一单元
SECTION ONE

平地山海　溯自辽金
URBAN PLANNING FEATURING HILLS AND LAKES

北海公园源起辽金，浚湖筑岛，几乎与北京建都的历史同时；元初营建大都时以琼华岛为中心规划都城，奠定了今日北京城市之格局；明清时为历代帝王之别苑，迭有兴筑，琼岛耸翠，太液流波，风景殊绝。景山营建于明初，堆土成山，俯瞰紫禁，是北京城中轴线上的制高点，是中国古代都城规划思想的重要体现。

Beihai Park was built in the Liao and Jin dynasties when Beijing began to become the seat of imperial capitals. At the center of the park is an island called Jade Flower Island, built with the silt excavated from the lake surrounding it. Dadu, the new capital of the ensuing Yuan Dynasty, centered on Jade Flower Island to arrange its urban layout which set a tone for the urban plan of Beijing today. Beihai Park served as the imperial garden resort during the following Ming and Qing dynasties, featuring gorgeous sceneries formed by classical buildings, green-covered Jade Flower Island and Taiye Lake. Jingshan Hill in vicinity of Beihai Park, was made from earth excavated during the construction of the Forbidden City in the early Ming Dynasty. It is the commanding height of the Central Axis of Beijing that overlooks the Forbidden City, bearing an important testimony to capital planning ideas of ancient China.

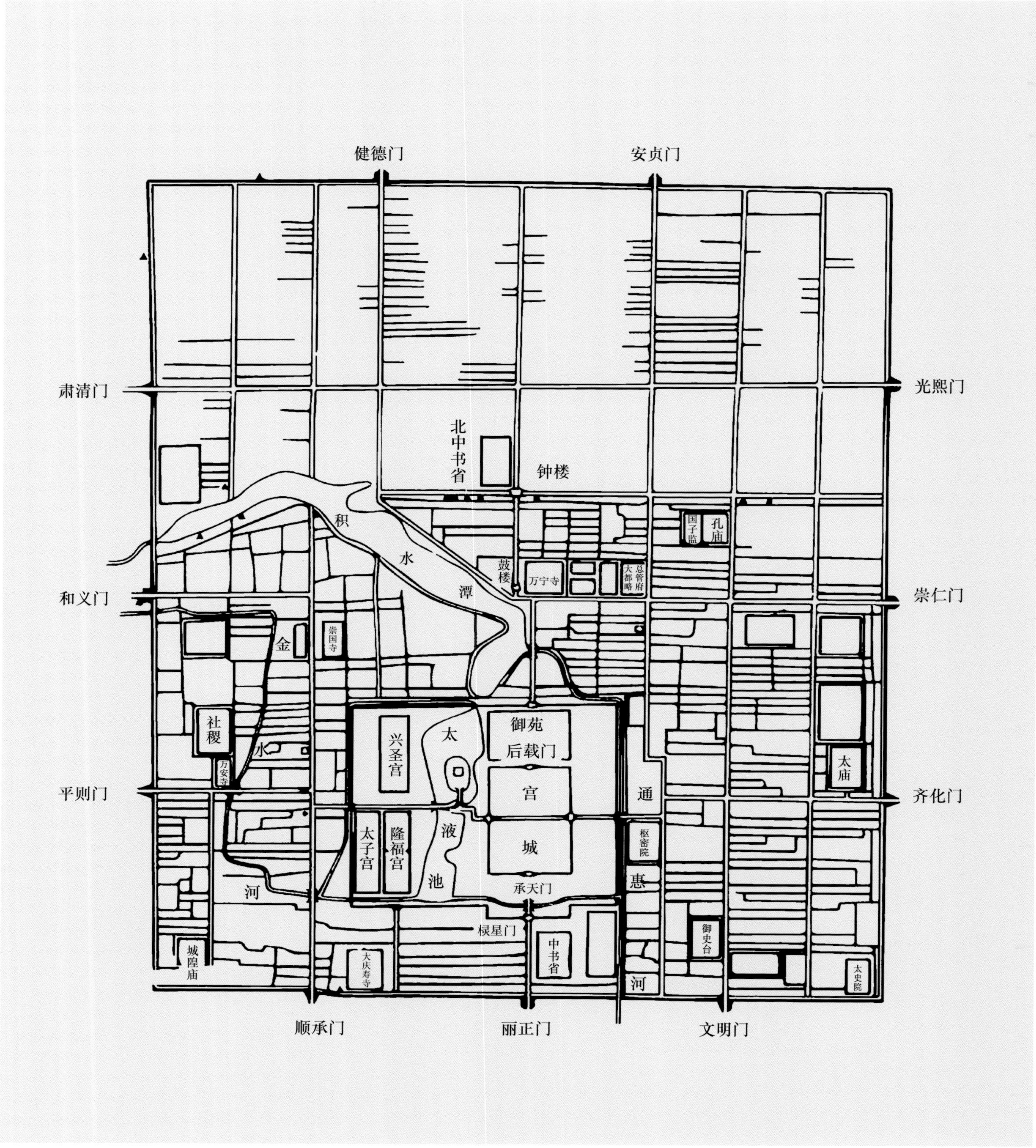

元大都布局图

引自侯仁之主编《北京历史地图集》

3

青石刻诗词瑞兽纹香几

Stone Seat For Incense Burner with Inscription of Poems and auspicious Beasts

元（1271~1368年）

面边长37、高90厘米

中国园林博物馆藏

香几因置香炉而得名，多独立观赏或成对放置。元朝重视刻石技术，克服了石质物件纹理粗糙、质感僵硬的缺陷，将唐式家具的华丽豪放、宋式家具的墨客雅致以及元式家具的大气奔放融为一体。此件元代青石刻诗词瑞兽纹香几呈束腰形，形体厚重，造型饱满，顶部方形几面四周刻有诗词，字体古拙；几身鼓状膨出，浅浮雕外翻卷足形与底座相连；香几底座为方形，四面有浅浮雕麒麟图案，麒麟长颈卷尾，或左向前腿半蜷，或四腿向前直立，分别浮雕卷草花卉纹。

『永安寺为金源琼华岛，踞太液池中。奇石叠累，皆当时辇致艮岳之遗（《国朝宫史》）。臣等谨按：琼华岛周围计二百七十四丈，旧有广寒殿，相传为金章宗时李妃妆台遗址。元改名万寿山，又称万岁山。本朝顺治八年立塔建刹，称白塔寺，今易名永安寺。恭绎皇上《御制塔山四面记》，辩方正位，了如指掌，今谨遵照次第列叙于后。』

——清《日下旧闻考》卷二六

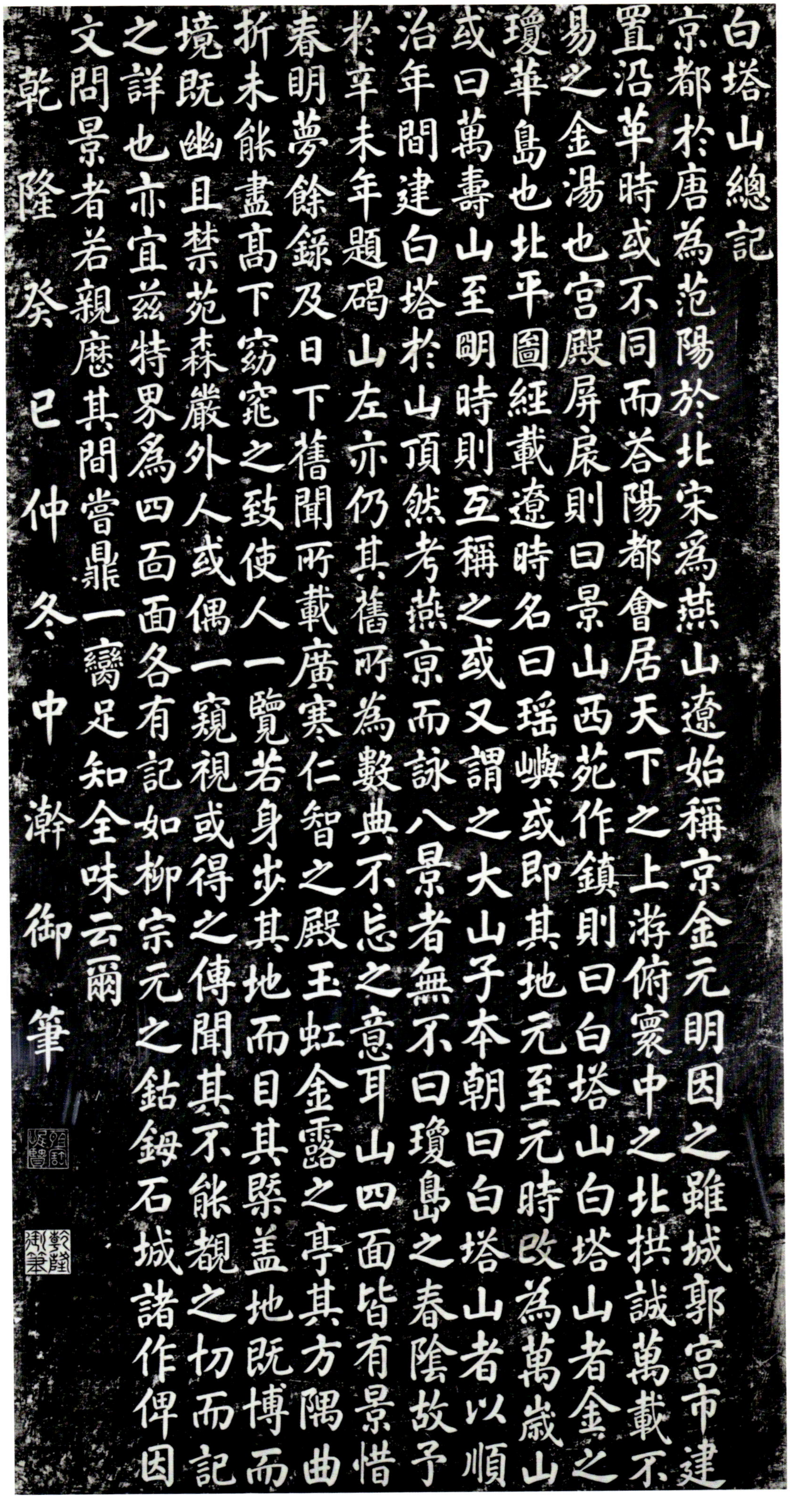
白塔山總記
京都於唐為范陽於北宋為燕山遼始稱京金元明因之雖城郭宮市建
置沿革時或不同而沓陽都會居天下之上游俯寰中之北拱誠萬載不
易之金湯也宮殿屏扆則曰景山西苑作鎮則曰白塔山白塔山者金之
瓊華島也北平圖經載遼時名曰瑶嶼或即其地元至元時改為萬歲山
或曰萬壽山至明時則互稱之或又謂之大山子本朝曰白塔山者以順
治年間建白塔於山頂然考燕京而詠八景者無不曰瓊島之春陰故予
於辛未年題碣山左亦仍其舊所為數典不忘之意耳山四面皆有景惜
春明夢餘錄及日下舊聞所載廣寒仁智之殿玉虹金露之亭其方隅曲
折未能盡高下窈窕之致使人一覽若身步其地而目其槩盖地既博而
境既幽且禁苑森嚴外人或偶一窺視或得之傳聞其不能覩之切而記
之詳也亦宜茲特界為四面面各有記如柳宗元之鈷鉧石城諸作俾因
文問景者若親歷其間嘗鼎一臠足知全味云爾
乾隆癸巳仲冬中澣御筆

4

白塔山总记碑拓片
Rubbing of the General Record of Baita Mound
民国（1912~1949年）
宽98.5、高172.5厘米
北海公园藏

『金鳌玉蝀之东有崇台，即台址为圆城。两掖有门，东为昭景，西为衍祥，中为承光殿（《国朝宫史》）。臣等谨按：承光殿俗名团殿，即元时仪天殿旧址，周以圆城（元代玉钵置真武庙中，后移置于承光殿。真武庙中改造石钵以代之）……承光殿南有石亭，以置元代玉瓮（《国朝宫史》）。臣等谨按：玉瓮径四尺五寸，高二尺，围圆一丈五尺，恭镌皇上《御制玉瓮歌》于上，并刻词臣四十人应制咏玉瓮诗于柱间。』

——清《日下旧闻考》卷二五

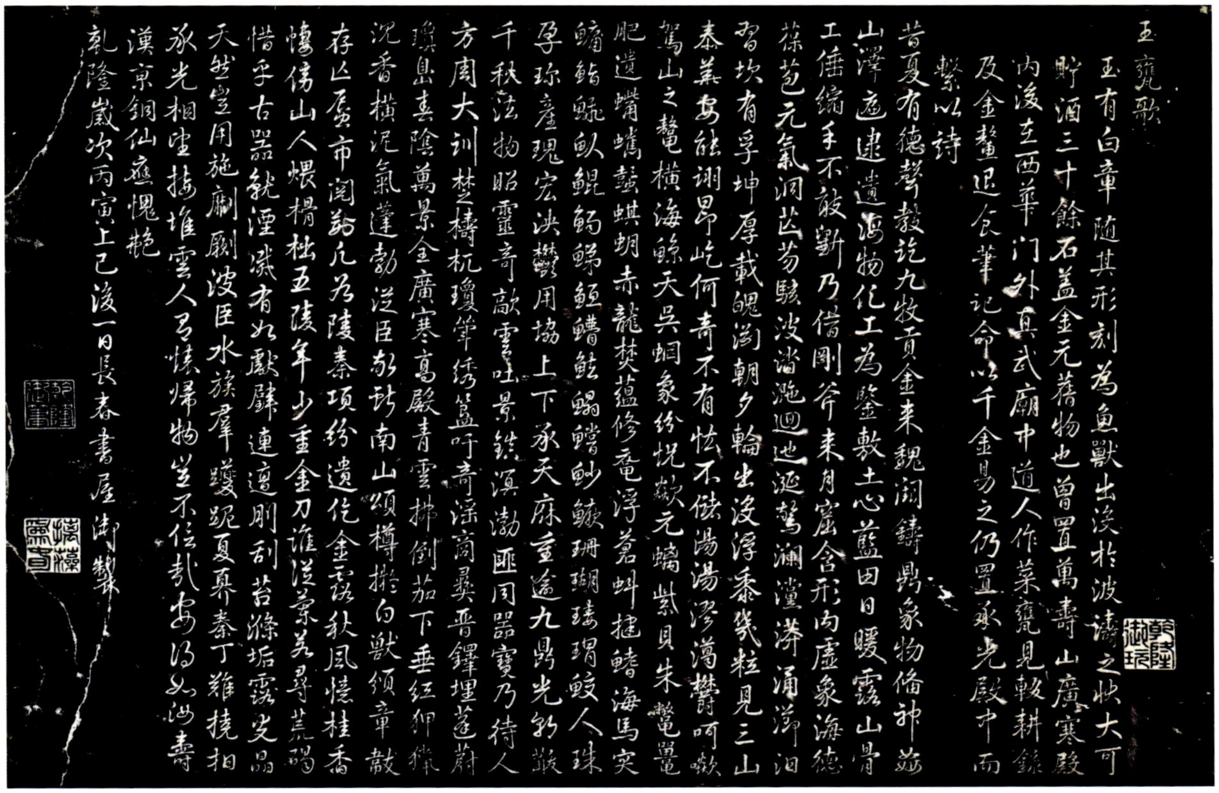

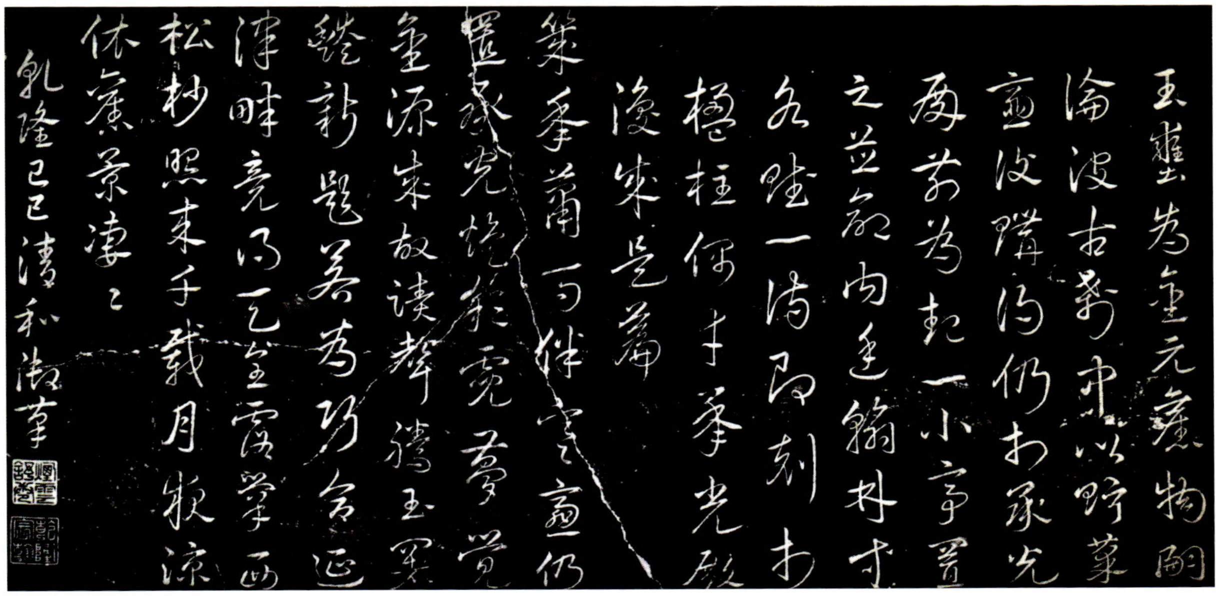

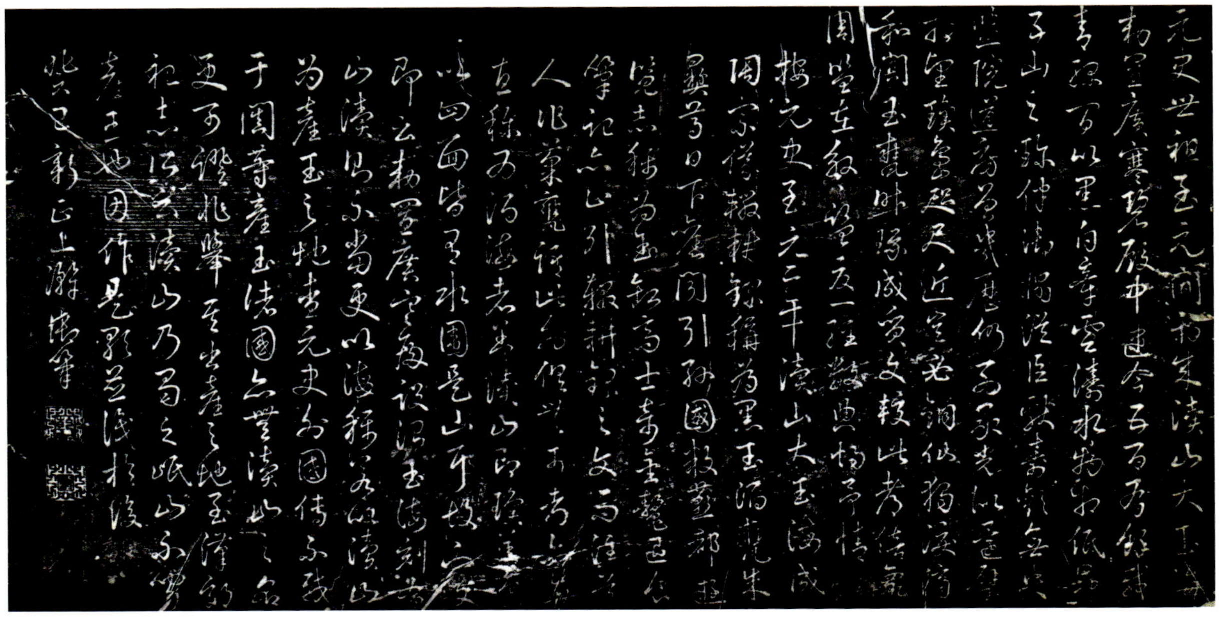

5

乾隆玉瓮诗与玉瓮歌拓片

Rubbing of the Inscribed Poems of Emperor Qianlong in the Jade Basin

民国（1912~1949年）

长187、宽62厘米

北海公园藏

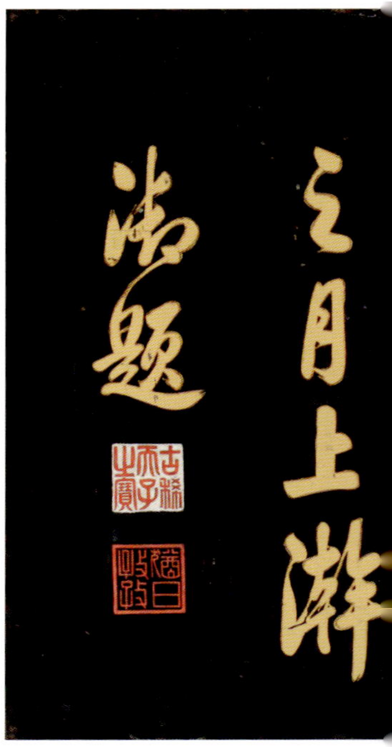

6

汉白玉座石雕山子

Mountain Like Stone and White Marble Seat

清（1644~1911年）

长43、宽24、高118（含底座）

底座长62、宽36、高53厘米

北海公园藏

山子，一指假山，宋代即有记载。中国古典园林以自然写意山水园的独特风格著称于世。山是中国古典园林的骨架，是园景营造的重点。所以古典园林中最重要的境就是“山景”。自然界奇峰叠岫、崇山深壑，高逾万仞、绵延千里，自然不可能真的搬到园子中来。中国古代造园家就取法山水画“咫尺万里”的写意手段，或堆土叠石，或雅石缀景，不过都是摹写山川的手法，从而对空间进行自由的收缩。

清代的山子器形发展较具代表性，以园林中一方小巧山石呈现山岳之意，是清代园林造景的一大特点。

此山子为天然矿石质、随形雕琢成山形，配以有束腰长方形汉白玉底座。

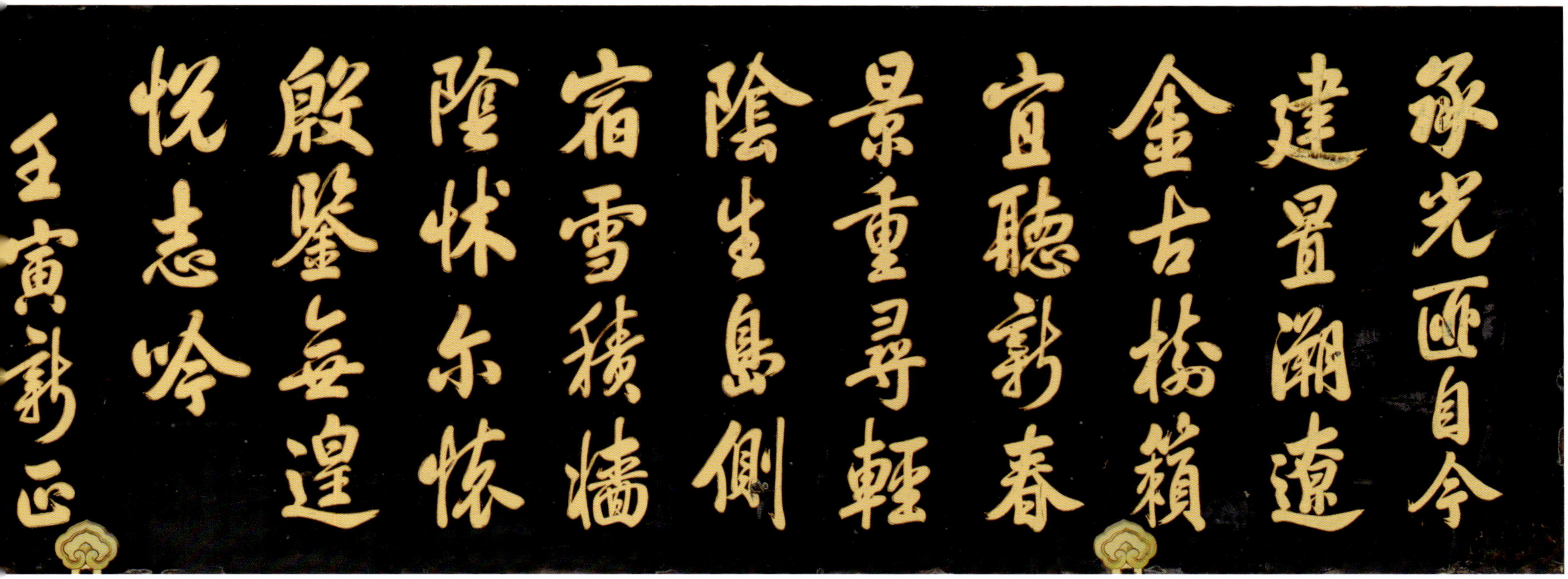

7

乾隆御制诗文匾

Plaque with the Poems and Calligraphy of Emperor Qianlong

清乾隆（1736~1795年）

长280、宽83厘米

北海公园藏

北海团城上的承光殿建筑艺术风格独特，造型优美，雕梁画栋，富丽堂皇。乾隆咏承光殿诗多达45题47首，诗句中所表述的内容成为研究北海历史的宝贵史料。

承光殿内东、南、西三面，悬清高宗弘历御制诗匾十三方。其中，第十二方匾为木质，长2.8、宽0.83米（今存）。内容为：

承光匪自今，建置溯辽金；
古树籁宜听，新春景重寻。
轻阴生岛侧，宿雪积墙阴；
怵尔怀殷鉴，无遑悦志吟。

壬寅新正之月上浣御题

瓊島春陰

8

琼岛春阴碑拓片

Rubbying of the Stone Stela with the Inscription Reading Qiong Dao Chun Yin

现代

宽49、高280厘米

北海公园藏

『京城北离宫有大［太］宁宫，大定十九年建。后更为寿宁，又更为寿安，明昌二年改为万安［宁］宫。琼林苑有横翠殿、宁德宫。西园有瑶光台。又有琼华岛、瑶光楼。』

——《金史·地理志》

9

汉白玉雕缠枝花卉纹石绣墩

White Marble Seat with Twined Branches of Flowers

清（1644~1911年）

直径38（含兽纽42）、高49厘米

北海公园藏

“花如解语还多事，石不能言最可人。”此对绣墩原陈列于北海团城承光殿内，造型敦实古朴，上下器两道鼓钉弦纹，两端分别浮雕兽首作为扳手。细观周身，每个绣墩还满雕缠枝花图案。历经几百年的风雨沧桑，纹饰虽有风化，但仍清晰可辨。

十洲清氣曉来多
大圓寶鏡
萬年福壽護金甌
七寶莊嚴開玉鏡

10

周臣（款）山水图轴

Painting of Mountain View with the Signatrue of Zhou Chen

明（1368~1644年）

纵233，横83厘米（含轴头94厘米）

北海公园藏

周臣，明中期的著名职业画家。他生活在成化至嘉靖年间。字舜卿，号东村，吴（今江苏苏州）人，生年不详，卒于明世宗嘉靖十四年（1535年）。擅长画人物和山水。此幅为绢本水墨山水画，古意盎然。

11

励宗万（款）山水图轴

Painting of Mountain View with the Signature of Li Zongwan

清（1644~1911年）

纵217、横56厘米（含轴头67厘米）

北海公园藏

励宗万（1705~1759年），字滋大，号衣园，又号竹溪，直隶静海（今天津市静海县）人，励廷仪子，清代著名书画家、收藏家，以山水创作为主要题材。此幅作品构图严谨，笔法苍劲，疏密得当。

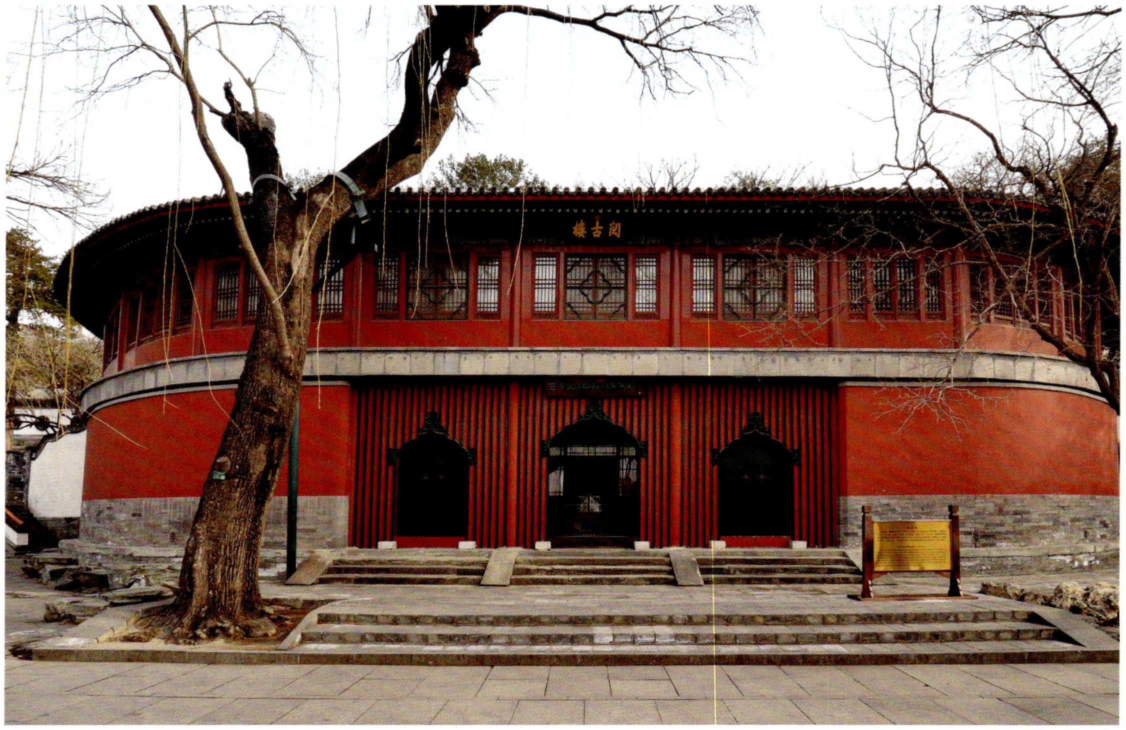

12

阅古楼石刻

Stone Inscription of Ancient Calligraphy in the Yugulou Building

现代

拓片长 92，宽 31 厘米

北海公园藏

阅古楼石刻包含王羲之的《快雪时晴帖》、王献之的《中秋帖》和王珣的《伯远帖》等共计 495 方，是我国保存自魏晋以来最完整的古代书法石刻的精品集成。其选石讲究，摹镌精良，是将书法与石刻相融合的艺术精品。

『臣等谨按：水精域联曰：镇留岚气闲庭贮，时落钟声下界闻。琳光殿之北延楼二十五间，左右围抱相合，为阅古楼（《国朝宫史》）。臣等谨按：阅古楼额为皇上御题，乾隆丁卯岁，以内府所藏魏晋以下名人墨迹钩摹勒石，御定为三希堂法帖三十二卷，既成，嵌石楼壁中。楼后层有额曰翠涌虹流……阅古楼后楹平临山池，建石亭于上，北为亩鉴室（《国朝宫史》）。臣等谨按：阅古楼后楹石亭恭悬皇上御书额曰烟云尽态。亩鉴室联曰：天光水态披襟袖，岸芷汀兰入画图。左室联曰：山容空外秀，波态席前浮。右室联曰：一泓水镜呈当面，满魄冰轮映举头。后室联曰：镜光呈朗照，竽韵发清机。皆御书。』

——清《日下旧闻考》卷二六

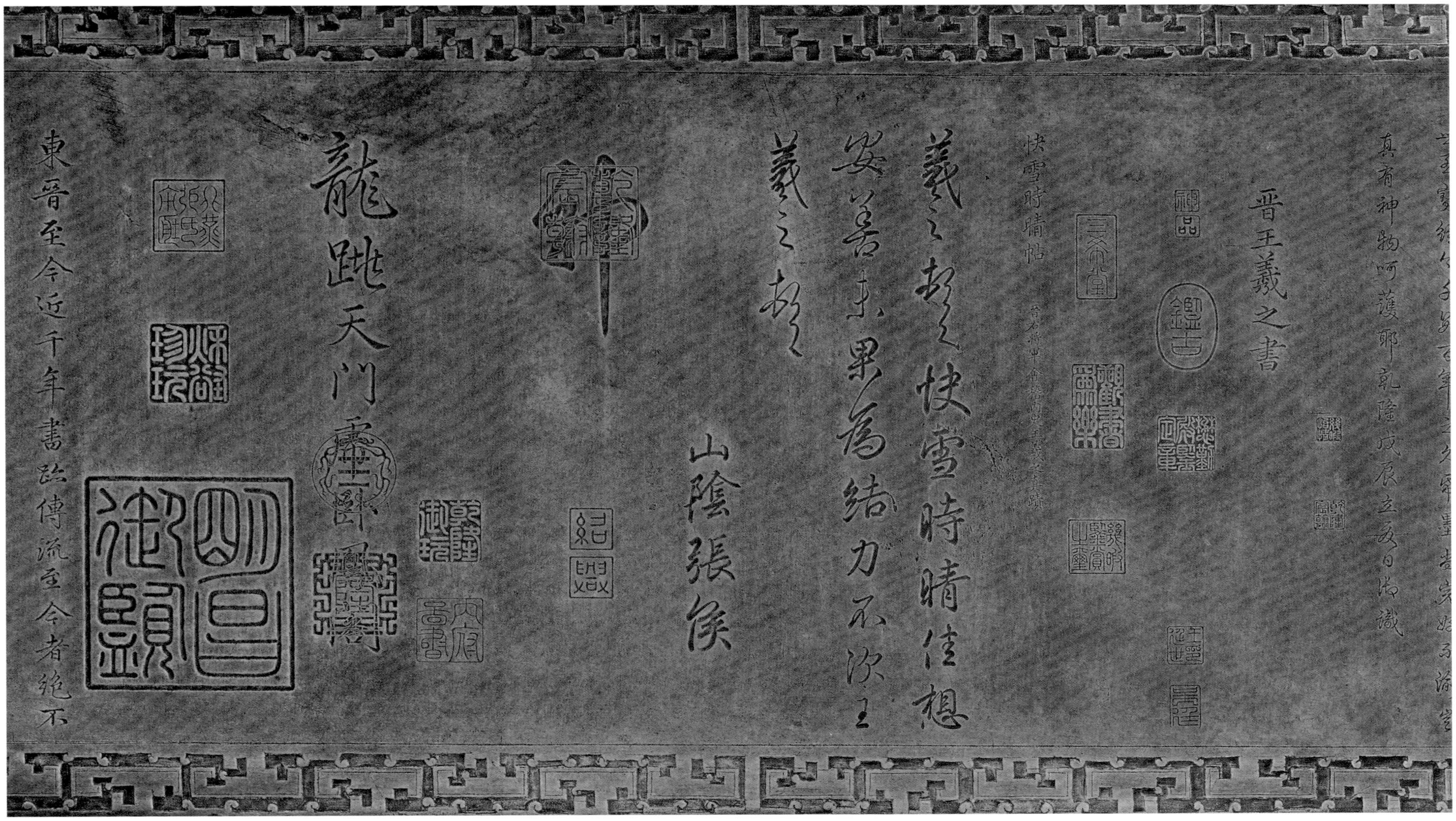
真有神物呵護耶 乾隆戊辰立夏日御識
晉王羲之書
快雪時晴帖
羲之頓首快雪時晴佳想安善未果為結力不次王羲之頓首
山陰張侯
龍跳天門
東晉至今近千年書跡傳流至今者絕不

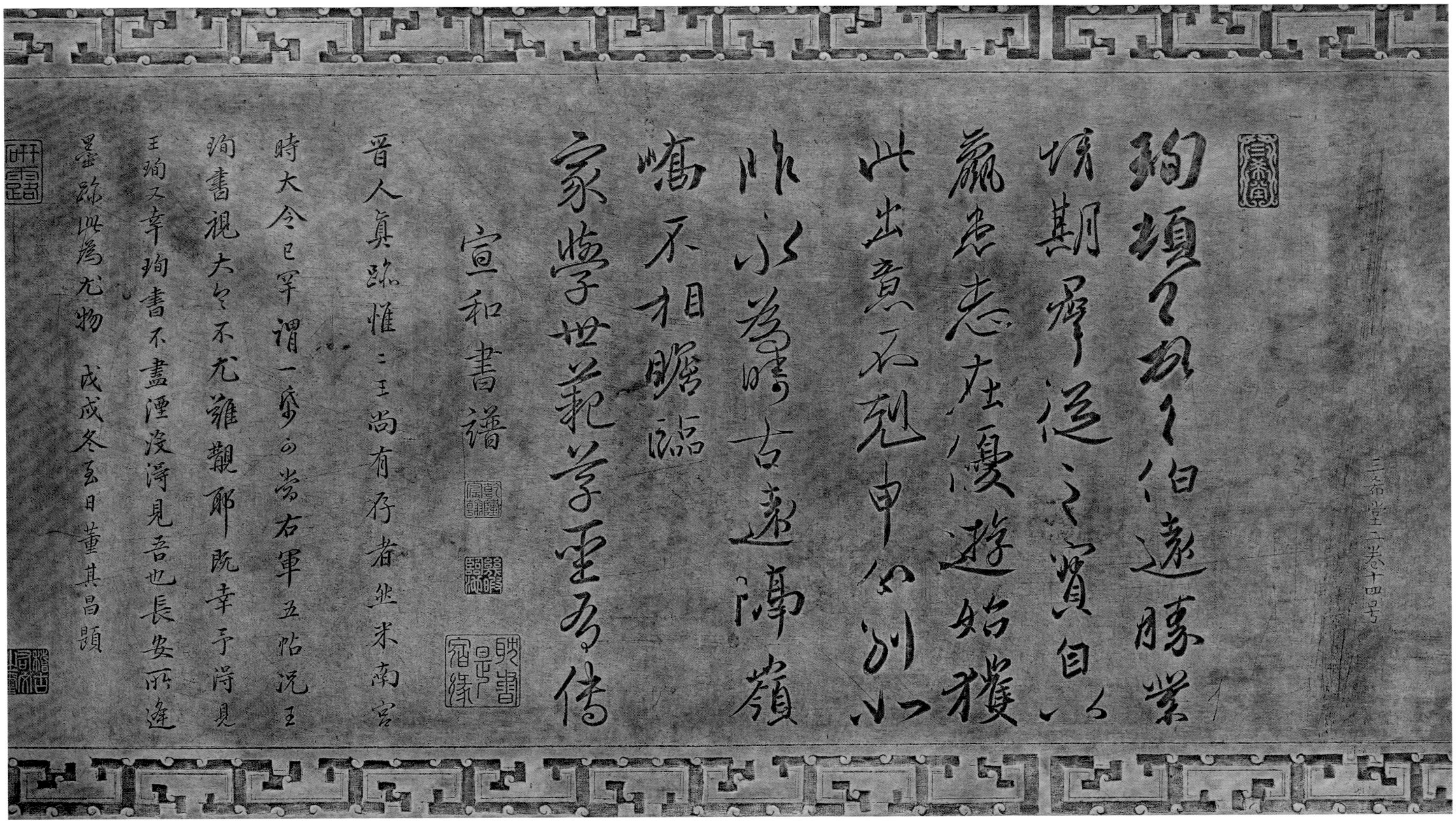
珣頓首伯遠勝業情期群從之寶自以羸患志在優遊始獲此出意不剋申分別如昨永為疇古遠隔嶺嶠不相瞻臨
家學世範
宣和書譜
晉人真跡惟二王尚有存者然米南宮時大令已罕謂一紙可當右軍五帖況王珣書視大令不尤難覯耶既幸予得見王珣又幸珣書不盡湮沒得見吾也長安所逢墨跡此為尤物 戊戌冬至日董其昌題

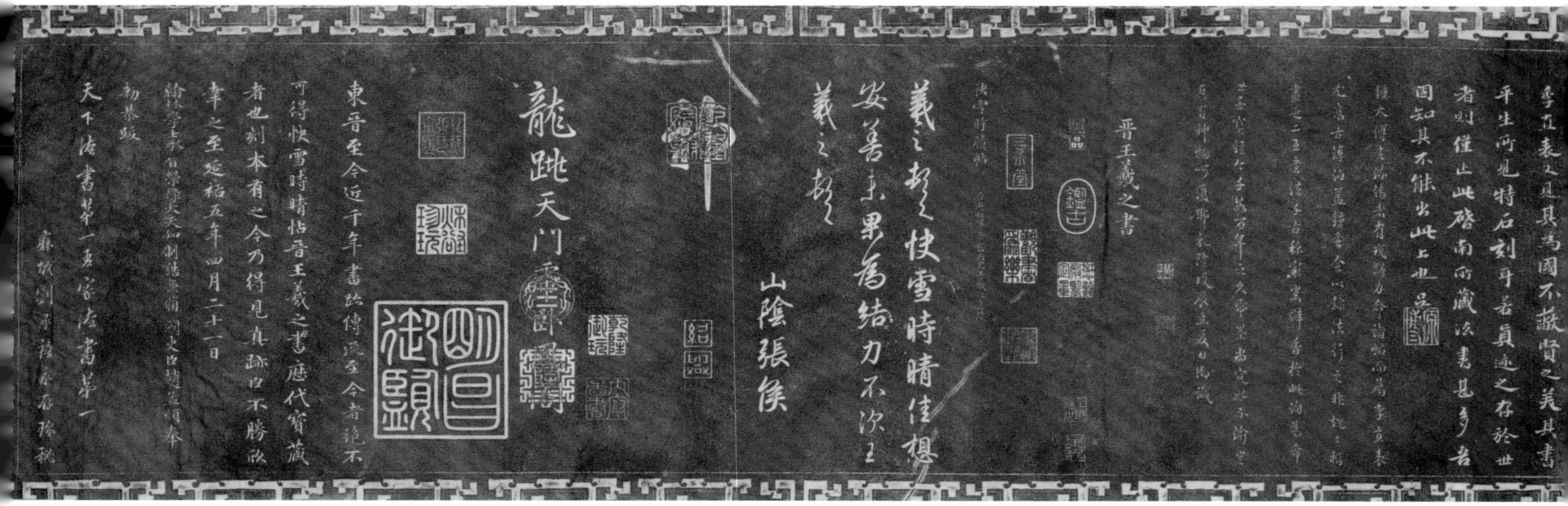
晋王羲之書
羲之頓首快雪時晴佳想安善未果為結力不次王羲之頓首
山陰張侯
龍跳天門
東晉至今近千年書跡傳流至今者絕不可得快雪時晴帖晉王羲之書歷代寶藏者也刻本有之今乃得見真跡臣不勝欣幸之至延祐五年四月二十一日
天下法書第一 吾家法書第一

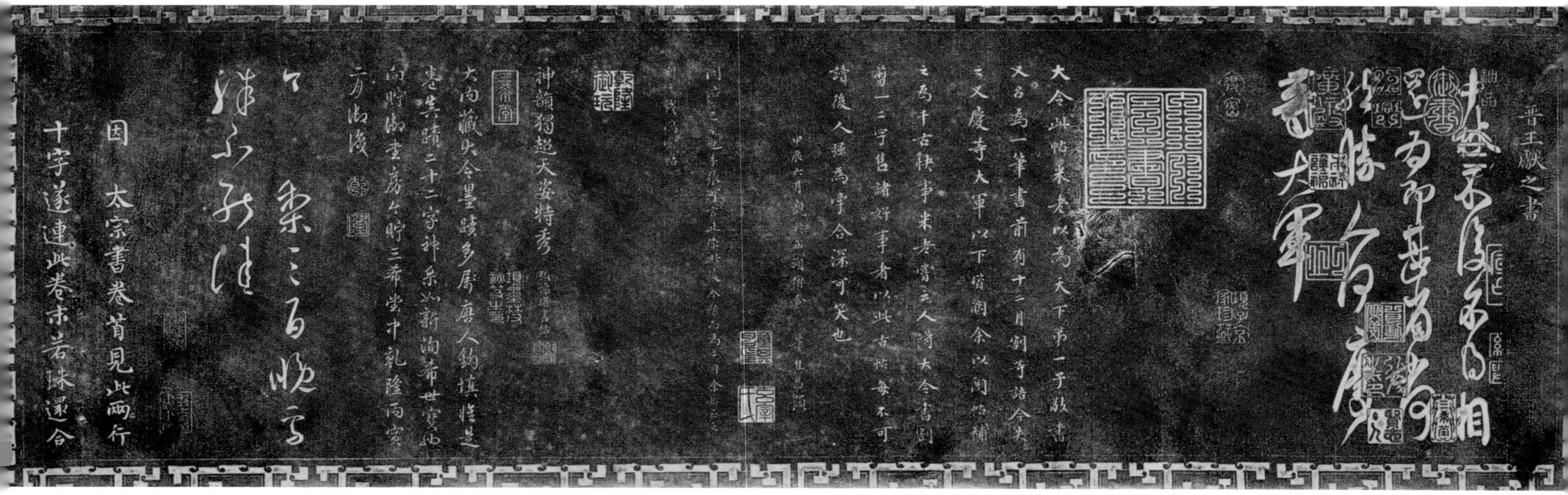
晋王獻之書
神韻獨超天姿特秀
因 太宗書卷首見此兩行十字遂連此卷末若珠還合

宣和書譜

襄陽米

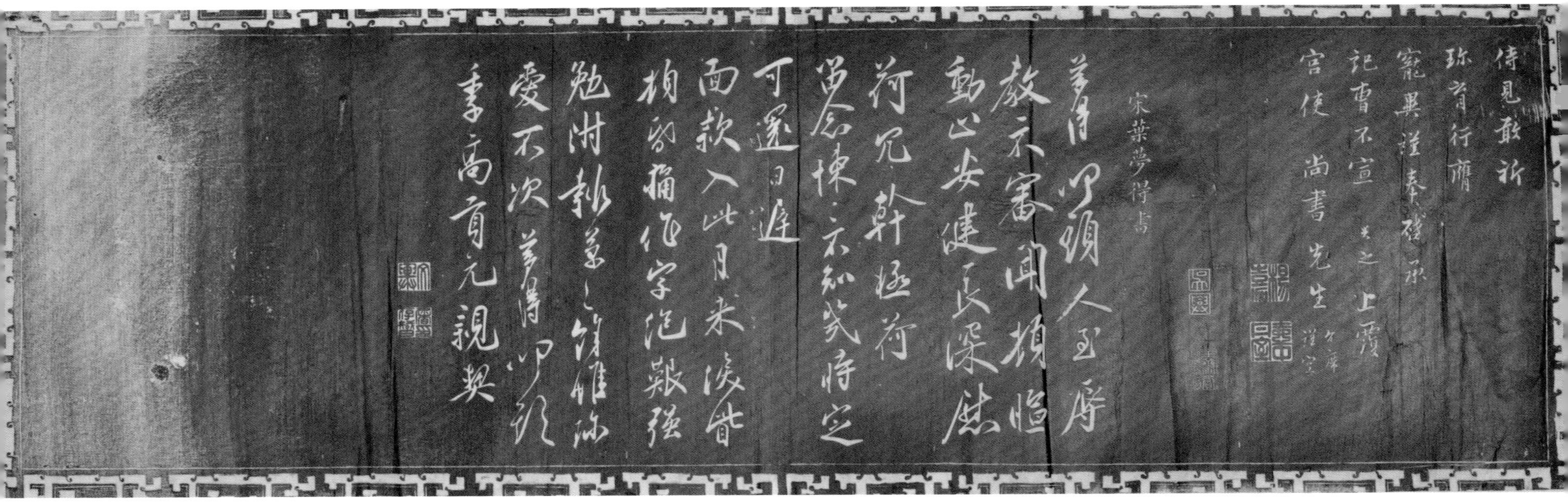
宋葉夢得書

雪里琼华岛，云端白玉京。
削成千仞势，高出九重城。
绣陌回环绕，红楼宛转迎。
近天多雨露，草木每先荣。

——清·纳兰成德《景山》

『北中门之南曰寿皇殿，曰北果园，殿之东曰永寿殿，曰观德殿，与御马监西门相对者。寿皇殿之东门，万历中年始开者也。殿之南则万岁山，俗所云煤山也。』

——明·刘若愚《芜史》

『神武门之北过桥为景山，山之前为北上门。门左右向北长庑各五十楹，西为教习内务府子弟读书处东门曰山左里门，西门曰山右里门，北上门内为景山。门内为绮望楼，楼后即景山也，山周二里余，有峰五。臣等谨按：北上门左右向北长庑各五十楹，其西为教习内务府子弟读书处。景山五峰上各有亭，中峰亭曰万春，左曰观妙，又左曰周赏，右曰辑芳，又右曰富览，俱乾隆十六年建。』

——清《日下旧闻考》卷一九《国朝宫史》

13

万春亭琉璃宝顶

Glazed Bead Like Top Decoration of the Wanchunting Pavilion

清（1644~1911年）

胸径95、底座直径52、高83厘米

景山公园藏

黄色琉璃质，球形，有明显残缺。原位于万春亭顶端，为北京市中轴线制高点。1938年被雷电击毁，并于次年进行修理，2005年将该宝顶替换，现由景山公园管理处保管。

14

乾隆重建寿皇殿石碑拓片

Rubbing of the Stone Stela of Emperor Qianlong for the Reconstruction of the Shouhuang Hall

宽 183、高 488 厘米

现代

景山公园 2014 年拓印

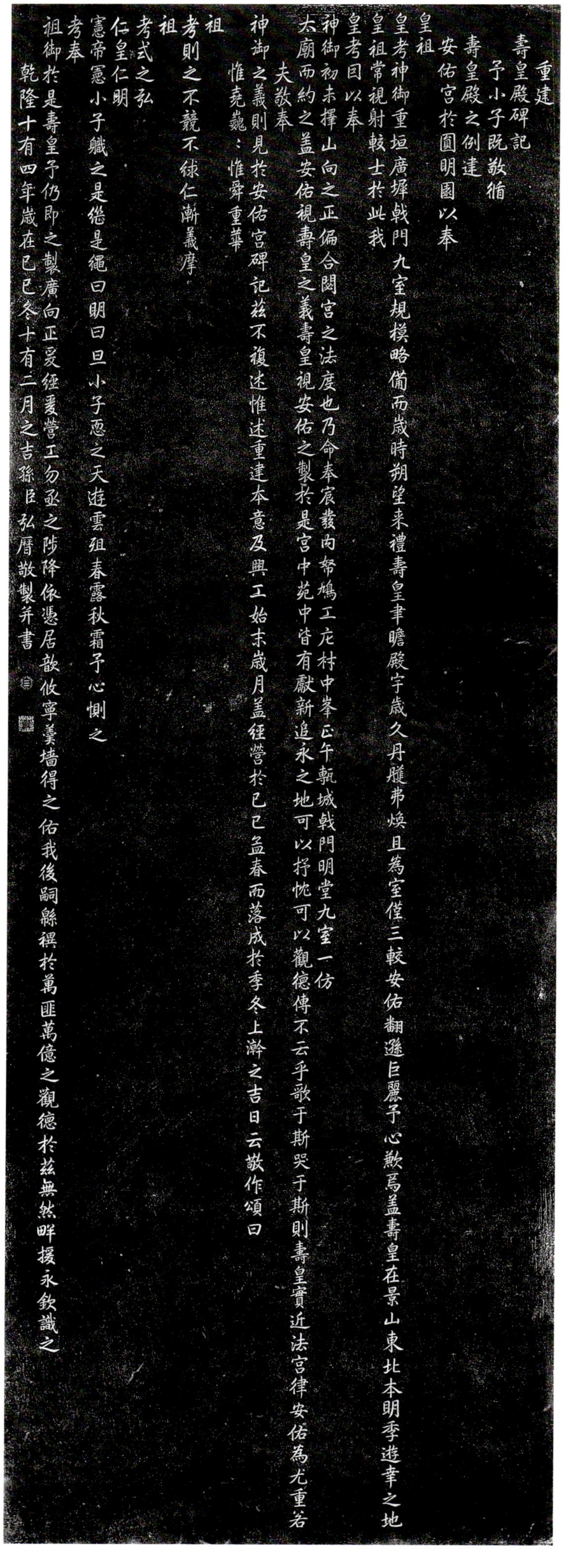
重建
壽皇殿碑記
予小子既敬循
壽皇殿之例建
安佑宮於圓明園以奉
皇祖
皇考神御重垣廣墀戟門九室規模略備而歲時朔望來禮壽皇聿瞻殿宇歲久丹雘弗煥且為室僅三較安佑翻遜巨麗予心歉焉蓋壽皇在景山東北本明季遊幸之地
皇祖常視射較士於此我
皇考因以奉
神御初未擇山向之正偏合閟宮之法度也乃命奉宸發內帑鳩工庀材中峯正午甎城戟門明堂九室一仿
太廟而約之蓋安佑視壽皇之義壽皇視安佑之製於是宮中苑中皆有獻新追永之地可以抒忱可以觀德傳不云乎歌于斯哭于斯則壽皇實近法宮律安佑為尤重若
夫敬奉
神御之義則見於安佑宮碑記茲不復述惟述重建本意及興工始末歲月蓋經營於己巳孟春而落成於季冬上澣之吉日云敬作頌曰
惟堯巍巍惟舜重華
祖
考則之不競不絿仁漸義摩
祖
考式之弘
仁皇仁明
憲帝憲小子職之是繼是繩曰明曰旦小子恧之天遊雲殂春露秋霜予心惻之
考奉
祖御於是壽皇予仍即之製廣向正爰經爰營工勿亟之陟降依憑居歆攸寧羹墻得之佑我後嗣緜禩於萬匪萬億之觀德於茲無然畔援永欽識之
乾隆十有四年歲在己巳冬十有二月之吉孫臣弘曆敬製并書

石碑位于寿皇殿正殿月台东西两侧的八角重檐攒尖顶碑亭内，两通石碑南面是乾隆皇帝御笔亲题的《重建寿皇殿碑记》。两通石碑分别以满文和汉文书写，详细记述了重建寿皇殿的理由、经过和意义。石碑在清乾隆年间立于寿皇殿内，拓片于 2014 年拓印完成。

《重建寿皇殿碑文》："予小子既敬循寿皇殿之例，建安佑宫于圆明园，以奉皇祖、皇考神御。重垣广墀，戟门九室，规模略备，而岁时朔望来礼寿皇，聿瞻殿宇，岁久丹雘弗焕，且为室仅三，较安佑翻逊巨丽，予心歉焉。盖寿皇在景山东北，本明季游幸之地，皇祖常视射较士于此。我皇考因以奉神御，初未择山向之正偏，合閟宫之法度也。乃命奉宸发内帑，鸠工庀材，中峰正午，砖城戟门，明堂九室，一仿太庙而约之。盖安佑视寿皇之义，寿皇视安佑之制。于是宫中苑中皆有献新追永之地，可以抒忱，可以观德。传不云乎！歌于斯，哭于斯。则寿皇实近法宫，律安佑为尤重。若夫敬奉神御之义，则见于安佑宫碑记，兹不复述。惟述重建本意及兴工始末岁月，盖经营于己巳孟春，而落成于季冬上澣之吉日云。敬作颂曰：惟尧巍巍，惟舜重华，祖考则之。不竞不絿，仁渐义摩，祖考式之。弘仁皇仁，明宪帝宪，小子职之。是继是绳，曰明曰旦，小子恧之。天游云殂，春露秋霜，予心恻之。考奉祖御，于是寿皇，予仍即之。制广向正，爰经爰营，工勿亟之。陟降依凭，居歆攸宁，羹墙得之。佑我后嗣，绵禩于万，匪万亿之。观德于兹，无然畔援，永钦识之。"

『臣等谨按：寿皇殿旧在景山东北，乾隆十四年上命移建。南临景山中峰，殿门外正中南向宝坊一，前额曰显承无斁，后曰昭假惟馨。左右宝坊各一，左之前额曰绍闻祗遹，后曰继序其皇，右之前额曰世德作求，后曰旧典时式。北为砖城门三，门前石狮二，门内戟门五楹。大殿九室，规制仿太庙，左右山殿各三楹，东西配殿各五楹，碑亭、井亭各二，神厨、神库各五。殿内敬奉圣祖仁皇帝、世宗宪皇帝御容，皇上岁时瞻礼于此。并自体仁阁恭迎太祖高皇帝、太宗文皇帝、世祖章皇帝暨列后圣容敬谨尊藏殿内，岁朝则展奉合祀，肃将祼献，以昭诚悫云。』

——清《日下旧闻考》卷一九

15

乾隆御题『昭格惟馨』『显承无斁』石额

Stone Plaque with the Calligraphy of Emperor Qianlong Reading "Zhao Ge Wei Xin" and "Xian Cheng Wu Yi"

清（1644~1911年）

长236、宽89、厚16厘米

景山公园藏

石质，长方形，品相基本完好。一面雕刻"显承无斁"，另一面雕刻"昭格惟馨"，石匾芯正反两面均刻有"乾隆御笔之宝"印章。与现寿皇殿宝坊对比，为南向宝坊匾芯（现在景山公园宝坊上的匾芯为民国时修缮宝坊替换的仿制品）。

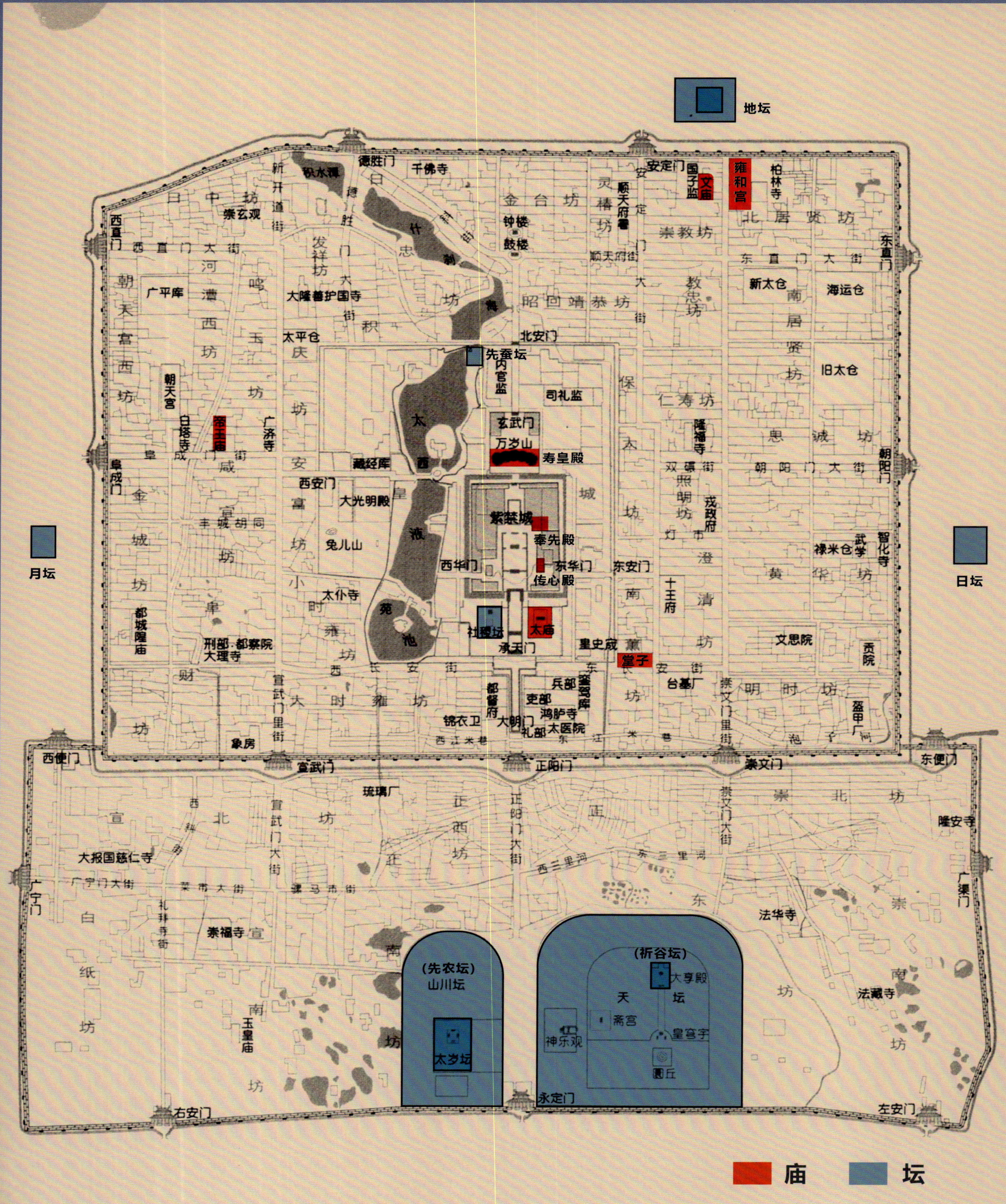

地坛
安定门
国子监
文庙
雍和宫
柏林寺
德胜门
千佛寺
积水潭
崇玄观
西直门
金台坊
钟楼
鼓楼
顺天府署
崇教坊
东直门
广平库
大隆善护国寺
新太仓
海运仓
太平仓
北安门
先蚕坛
内官监
司礼监
旧太仓
朝天宫
白塔寺
帝王庙
广济寺
玄武门
万岁山
寿皇殿
藏经库
隆福寺
朝阳门
阜成门
西安门
大光明殿
紫禁城
奉先殿
戎政府
兔儿山
禄米仓
武学
智化寺
月坛
日坛
西华门
东华门
传心殿
东安门
太仆寺
十王府
都城隍庙
社稷坛
太庙
刑部、都察院
大理寺
承天门
皇史宬
堂子
文思院
贡院
兵部
都督府
吏部
鸿胪寺
太医院
锦衣卫
大明门
礼部
台基厂
象房
盔甲厂
宣武门
正阳门
崇文门
西便门
东便门
琉璃厂
隆安寺
大报国慈仁寺
广宁门
广渠门
法华寺
崇福寺
（先农坛）
山川坛
（祈谷坛）
大享殿
天坛
斋宫
皇穹宇
神乐观
圜丘
太岁坛
法藏寺
永定门
右安门
左安门
庙
坛

第二单元
Section Two

坛庙相望 天人合一
TEMPLES AND ALTARS SYMBOLIZING HARMONY BETWEEN MAN AND NATURE

“国之大事在祀”。以天坛、地坛、日坛、月坛、社稷坛、先农坛、历代帝王庙等为代表的北京坛庙建筑，象天法地，建筑宏丽，古木成荫，祭祀以时，是古代北京帝都格局礼制化的重要载体，反映了古代统治者对风调雨顺、社稷永固的强烈祈愿，也是古代中国人敬天法祖、天人合一传统思想观念的生动体现。

Sacrificial rituals were paramount events of the state in ancient China. Ancestral temples and altars in Beijing, as represented by the Temple of Heaven, the Temple of Earth, the Temple of the Sun, the Temple of the Moon, the Temple of Agriculture, and the Temple of Ancient Monarchs, are symbolic monuments used to hold sacrificial rituals in ancient China, featuring magnificent buildings and tall ancient trees. They are an important testimony to the ritual system of the imperial capital of Beijing, exhibiting ancient monarchs' desire for favorable climate and permanent rule and ancient people's respect for the universe and ancestors and aspiration for harmony between man and nature.

『天坛，在正阳门南之左，永乐十八年建，缭以垣墙，周回九里三十步。初遵洪武合祀天地之制，称为天地坛。后既分祀，乃始专称天坛……永乐十八年，京师大祀殿成，规制如南，行礼如前仪，增附天寿山于北岳坛。洪熙元年增文皇帝配位太祖下。嘉靖九年，从给事中夏言之议，遂于大祀殿之南建圜丘，为制三成。祭时上帝南向，太祖西向，俱一成上。其从祀四坛：东一坛大明，西一坛夜明，东二坛二十八宿，西二坛风云雷雨，俱二成上。别建地祇坛。坛制：一成面径五丈九尺，高九尺；二成面径九丈，高八尺一寸；三成面径十二丈，高八尺一寸。各成面砖用一九七五阳数，及周围栏板，柱子皆青色琉璃。四出陛，各九级，白石为之。内壝圆墙九十七丈七尺五寸，高八尺一寸，厚二尺七寸五分。棂星石门六，正南三，东、西、北各一。外壝方墙二百四丈八尺五寸，高九尺一寸，厚二尺七寸。棂星门如前。又外围方墙为门四：南曰昭亨，东曰泰元，西曰广利，北曰成贞。内棂星门南门外东南砌绿磁燎炉，傍毛血池，西南望灯台长竿悬大灯。外棂星门南门外左设具服台，东门外建神库、神厨、祭器库、宰牲亭，北门外正北建泰神殿，后改为皇穹宇，藏上帝、太祖之神版，翼以两庑，藏从祀之神牌。又西为銮驾库，又西为牺牲所，北为神乐观，北曰成贞门，外为斋宫，迤西为坛门。坛稍北，有旧天地坛在焉，即大祀殿也。嘉靖二十二年，改为大享殿。殿后为皇乾殿，以藏神版。以岁孟春上辛日祀上帝于大享殿，举祈谷礼，季秋行大享礼，以二祖并配，至郊祀，专奉太祖配。十年，改以启蛰日行祈谷礼于圜丘，仍止奉太祖配。十七年，改昊天上帝称皇天上帝。是年，欲仿明堂之制，宗祀皇考，以配上帝，诏举大享礼于元极宝殿，奉睿宗献皇帝配。元宝殿者，大内钦安殿也。殿在乾清宫垣后，隆庆元年，罢大享祈谷礼，元极殿仍改为钦安殿。圜丘泰元门东有崇雩坛，为制一成，东为神库。嘉靖中，时以孟夏后祭天祷雨，祈谷坛成，未行而罢。』

——明末清初·孙承泽《春明梦余录》卷一四

16

苍璧

Dark Gray *Bi* Disk

清（1644~1911年）

直径15.9、厚2.5厘米

天坛公园藏

国之大在祀，而祀之大在郊。

——明末清初・孙承泽《春明梦余录》

和田玉，圆形，墨绿色，间深色斑纹。

祭天礼器。《周礼・春官・大宗伯》以苍璧礼天注："礼神者必象其类，璧圆象天。疏：苍玄皆是天色，故用苍也。"苍璧颜色近于天，因而古代皆以苍璧祀天。明清两朝天坛大祀，皇帝皆亲奉苍璧行礼。

跪九拜礼。乃进玉帛，奏景平之章。皇帝升坛，诣上帝位前奠玉帛，以次诣列圣配位前奠帛，皇帝复位。乃进俎，奏咸平之章。皇帝升坛，诣上帝位、配位前跪进俎，复位。行初献礼，奏寿平之章，舞干戚之舞。皇帝升坛，诣上帝位前跪献爵，奠正中，退就读祝拜位立。司祝奉祝版跪祝案左，乐暂止。皇帝跪，司祝读祝毕，乐作。皇帝行三拜礼，兴，诣配位前，以次献爵，行亚献礼，奏嘉平之章，舞羽籥之舞。皇帝升坛，以次献爵，奠于左，仪如初献，复位。行终献礼，奏永平之章，舞与亚献同。皇帝升坛，以次献爵奠于右，仪如亚献，复位。光禄卿奉福胙进至上帝位前，拱举，皇帝诣饮福受胙拜位立，跪受爵，受胙，三拜，兴，复位，行三跪九拜礼。彻馔，奏熙平之章，送帝神，奏清平之章。皇帝行三跪九拜礼。有司奉祝，次帛，次馔，次香，恭送燎所，奏太平之章。皇帝由内壝南左门出，至望燎位望燎。礼成，皇帝由外壝南左门出，至昭亨门外升礼舆，大驾卤簿前导，导迎乐作，奏佑平之章，皇帝回銮还宫。』

——清《大清会典》卷三七

『凡佾舞，坛庙初献舞武功之舞，亚、献终献舞文德之舞，均八佾……凡乐器，中和韶乐八音咸备，金之属曰钟，石之属曰磬，丝之属曰琴、曰瑟，竹之属曰排箫、曰箫、曰篴、曰篪，匏之属曰笙，土之属曰埙，革之属曰鼓、曰搏拊，木之属曰柷、曰敔。坛庙均麾一、编钟编磬各十有六、琴十、瑟四、排箫二、萧篴笙各十、埙二、篪六、建鼓一、搏拊二、柷敔各一、木箾十……佾舞器，引舞以旌节，左右各一，武功之舞以干戚，文德之舞以羽籥，各六十有四。』

——清《大清会典》卷五八

『臣等谨按，明嘉靖九年定分祀天地之议，于大祀殿南建圜丘，本朝因之，重加缮治，其制益备。乾隆十四年，上以圜丘坛位张幄次陈祭器处宜量加宽广，命仍九五之数而展拓焉。十八年，复鼎新南郊坛宇，一切规模禀承指示，凡崇卑之制，象色之宜，无不斟酌尽善，仰见圣心昭格之虔至周至悉云。』

——清《日下旧闻考》卷五七

『岁以冬日至祀皇天上帝，奉太祖高皇帝、太宗文皇帝、世祖章皇帝、圣祖仁皇帝、世宗宪皇帝，配以大明、夜明、星辰、云雨风雷从祀。上帝位第一成南向，列圣东西向。四从位第二成，大明西向，星辰在其次，夜明东向，云雨风雷在其次，均设青幄。上帝苍璧一，帛十有二，犊一、登一、簠二、簋二、笾豆各十有二，尊一、爵三、炉一、镫六、燔牛一。列圣均帛一、犊一、登一、簠簋各二、笾豆各十有二，尊一、爵三、炉一、镫四。大明、夜明均帛一、牛一、登一、簠簋各二、笾豆各十、尊一、爵三、琖二十、炉一、镫二。星辰帛十有一，云雨风雷帛四，均牛一、羊一、豕一、登一、铏二、簠簋各二、笾豆各十、尊一、爵三、琖三十、炉一、镫二。玉帛实于篚，牲载于俎，尊实酒，疏布幂勺具。』

——清《大清会典》卷三七

『先祀一日，乐部设中和韶乐于坛下，分左右悬，銮仪卫陈大家卤簿于午门外，玉辇于太和门阶下，巳刻太常卿诣乾清门奏请皇帝诣斋宫。皇帝御龙袍衮服，乘礼舆出宫……至太和门阶下降舆乘辇……入坛西门，至昭亨门外降辇……由左门入，诣皇穹宇，于上帝、列圣前上香毕，行三跪九拜礼……诣圜丘视坛位，诣神库视笾豆……由内壝南左门出外壝南左门，至神路右升辇，诣斋宫……祀日，日出前七刻……皇帝御祭服乘礼舆出……至外壝南门外神路右降辇……由外壝南左门入内壝南左门，升午阶，至二成黄幄次。皇帝就拜位立，乃燔柴迎帝神，乐奏始平之章。皇帝诣第一成上帝位前跪上香，次诣列圣配位前上香，皇帝复位，行三

17

祭蓝釉刻花豆

Jilan Blue Glazed *Dou* Stemmed Plate with Inscribed Designs

清光绪（1875~1908 年）

口径 15.2、通高 25.6 厘米

天坛公园藏

瓷质。圆口平唇，弧腹，喇叭形高足中空。腹依次为垂云纹、回纹，校围波纹、金钣纹，足为波带黻纹。弧形盖，珠纽，子口。盖上饰星纹、垂云纹、回纹。器身外通施祭蓝釉。足内边缘阴刻“大清光绪年制”六字单行楷书款。

祭天礼器。祭天、祈谷、常雩等天坛（圜丘坛、祈谷坛总称）大祀使用，正位、配位各陈设 12 只，从位陈设 10 只，分别盛放腌菜、腌肉等祭品。

18

祭蓝釉刻花簋

Jilan Blue Glazed *Gui* Vessel with Inscribed Designs

清光绪（1875~1908 年）

口长径 23、短径 18.5、通高 23 厘米

天坛公园藏

瓷质。椭圆体，平唇，弧腹斜收，椭圆高圈足。口饰回纹，腹为云纹，束为波带黻纹，足为星云纹、回纹。器身两侧附夔凤耳。盖弧形隆起，子口，饰回纹、云纹，顶为夔凤云纹。盖上有棱四出，饰凤纹。器身外通施祭蓝釉。足内正中阴刻“大清光绪年制”六字双行楷书款。

祭天礼器。圜丘坛正位、配位、从位，祈谷坛正位、配位祭祀时陈设。每案 2 只，内盛黍、稷。

19

祭蓝釉刻花簠

Jilan Blue Glazed *Fu* Vessel with Inscribed Designs

清光绪（1875~1908年）

口长径23.6、短径21.5、通高28.5厘米

天坛公园藏

瓷质。长方体，平唇，器身四框斜壁，收成斗形，平底，两侧附夔龙耳，四侈矩形足。器身饰夔龙纹，束为回纹，足为云纹。盖四框斜壁，向上收成覆斗形，平顶两侧附坛龙耳，子口，饰夔龙纹。盖顶四围斜出波状棱。器身外通施祭蓝釉。足底正中阴刻“大清光绪年制”六字双行楷书款。

祭天礼器。圜丘坛正位、配位、从位，祈谷坛正位、配位祭祀时陈设，每案2只，用以盛放稻、粱。

20

祭蓝釉重环纹登

Jilan Blue Glazed *Deng* Vessel with Inscribed Designs

清光绪（1875~1908年）

口径16.8、通高29.8厘米

天坛公园藏

瓷质。圆口平唇，器身直壁折腹，喇叭形高足中空。腹依次为垂云纹、重环纹（乾隆仿古礼器改制时称谓，今将此回纹称作“重环纹”），校围波纹、金钣纹，足为波带黻纹。弧形盖，交叉绳纹纽，子口，面饰波纹、重环纹。器身外通施祭蓝釉。足底边缘阴刻“大清光绪年制”六字单行楷书款。

祭天礼器。圜丘坛正位、配位、从位，祈谷坛正位、配位祭祀时陈设，每案1只。用以盛太羹。

21

祭蓝釉刻花锦纹铏

Jilan Blue Glazed *Xing* Vessel with Incribed Designs

清光绪（1875~1908 年）

口径 16.8、通高 28.5 厘米

天坛公园藏

瓷质。圆口平唇，下腹内收，平底，下出三云状足，器身两侧饰牺形耳。口饰藻纹、回纹，腹为贝纹，足饰云纹。弧形盖，子口，面饰藻纹、回纹、雷纹。云状三峰饰以云纹，三峰间饰藻纹。器身外通施祭蓝釉。底书“大清光绪年制”六字双行楷书款。

祭天礼器。圜丘坛从位东次坛、西次坛（除大明、夜明之外使用）祭祀时使用。每案 2 只，内盛和羹。

22

祭蓝釉荷叶形盖尊

Jian Blue Glazed *Zun* Vessel with Lotus Leaf Like Lid

清光绪（1875~1908年）

口径17.8、通高40.2厘米

天坛公园藏

瓷质。直口，平唇，短颈，丰肩，收腹，隐圈足。荷叶形盖，子口，盖上刻荷叶茎脉纹，螺纽。器身外通施祭蓝釉。底书“大清光绪年制”六字双行楷书款。

祭天礼器。遇天坛大祀，圜丘坛正位、配位、从位及祈谷坛正位、配位陈设，用于盛放祭酒。

23

祭蓝釉双龙纹盘

Jilan Blue Glazed *Pan* Plate with Double Dragon Design

清光绪（1875~1908 年）

口径 32.3、高 6.5 厘米

天坛公园藏

瓷质。敞口，弧腹，平底，圈足。内底刻双线弦纹，心刻暗花双龙戏珠纹，盘外壁刻缠枝花卉纹。器身施祭蓝釉。盘底“大清光绪年制”六字双行楷书款。

祭天礼器。又称毛血盘，天坛大祀时用于盛放牺牲的毛血。

24

祭蓝釉盏

Jilan Blue Glazed *Zhan* Cup

清光绪（1875~1908 年）

口径 10.9、高 6.3 厘米

天坛公园藏

瓷质。撇口，弧腹，深腹平底，圈足。器身外施祭蓝釉，内施白釉。底书“大清光绪年制”六字双行楷书款。

祭天礼器。圜丘坛从祀神位陈设，祭祀时盛清酒。

『地坛，在安定门之北，缭以垣墙。嘉靖九年，建方泽坛，为制二成。夏至，祭皇地祇，北向，太祖西向，俱一成上。东一坛，中岳、东岳、南岳、西岳、北岳、基运山、翔圣山、神烈山西向，西一坛，中岳、东镇、西镇、北镇、天寿山、纯德山东向，东二坛，东海、南海、北海西向，西二坛，大江、大淮、大河、大汉东向，俱二成上。坛制：一成，面方六丈，高六尺，二成，面方十丈六尺，高六尺，各成面砖用六八阴数，皆黄色琉璃、青白石包砌、四出陛，各八级。周围水渠一道，长四十九丈四尺四寸，深八尺六寸，阔六尺。内壝方墙二十七丈二尺，高六尺，厚二尺。内棂星门四，北门外西为瘗位，瘗祝帛，配位帛则燎之，东为灯台。南门外为皇祇室，藏神版，而太祖版则以祭之前一日请诸庙。外棂星门四，西门外迤西为神库、神厨、宰牲亭、祭器库，北门外西北为斋宫。又建四天门，西门外为銮驾库、遣官房，南为陪祀官房。又外为坛门，又外为泰折街、牌坊。护坛地一千四百七十六亩。』

——明末清初·孙承泽《春明梦余录》卷一六

25

黄琮

Yellow *Cong* Plaque

清（1644~1911年）

长 13.5、宽 13.5、厚 1.5 厘米

天坛公园藏

和田玉。方形，天然纹理如山形，以其象地。

祭地礼器。《周礼 · 春官 · 大宗伯》：“以黄琮礼地。”疏：“地用黄琮，依地色。”地坛祭祀时，正位陈设

『臣等谨按，方丘旧址为明嘉靖九年定，本朝因之，屡加宽广，规模制度益昭隆备。』

——清《日下旧闻考》卷一〇七

『岁以夏至日，祭皇地祇，奉太祖高皇帝、太宗文皇帝、世祖章皇帝、圣祖仁皇帝、世宗宪皇帝，配以五岳、五镇、四海、四渎、启运、天柱、隆业、昌瑞、永宁五陵山从祭。皇地祇位第一成，北向，列圣东西向，四从位第二成，五岳、启运、天柱、永宁三山西向，四海在其次，五镇，隆业、昌瑞二山东向，四渎在其次，均设黄幄。皇地祇黄琮一、帛一、犊一、登一、簠二、簋二、笾豆各十有二、尊一、爵三、炉一、镫四。列圣均帛一、犊一、登一、簠簋各二、笾豆各十有二、尊一、爵三、炉一、镫四。从位各帛一，每幄均牛一、羊一、豕一、登一、铏二、簠簋各二、笾豆各十、尊一、爵三、琖三十、炉一、镫二。玉帛实于篚，牲载于俎，尊实酒，疏布幂勺具。』

——清《大清会典》卷三九

26

黄釉刻花豆

Yellow Glazed *Dou* Stemmed Plate with Incribed Designs

清光绪（1875~1908年）

口径15、通高26厘米

天坛公园藏

瓷质。圆口平唇，弧腹，喇叭形高足中空。腹依次为垂云纹、回纹、校围波纹、金钣纹，足为波带黻纹。弧形盖，圆纽，子口。盖上饰星纹、垂云纹、回纹。器身通施黄釉。足内边缘阴刻“大清光绪年制”六字单行楷书款。

地坛正位、配位、从位，社稷坛及先农坛、先蚕坛祭祀时陈设。

27

黄釉刻花簋

Yellow Glazed *Gui* Vessel with Inscribed Designs

清光绪（1875~1908年）
口长径22.5、短径18.5、
通高23厘米
天坛公园藏

瓷质。椭圆体，弧腹斜收，椭圆高圈足中空。口饰回纹，腹为云纹，束为波带黻纹，足为星云纹、重环纹。器身两侧附夔凤耳。盖弧形隆起，子口，饰回纹，面为云纹，顶为夔凤云纹。盖上有棱四出，饰凤纹。器身通施黄釉。足内阴刻“大清光绪年制”六字双行楷书款。

地坛正位、配位、从位，社稷坛、先农坛、先蚕坛、地祇坛祭祀时陈设，用于盛黍、稷。

28

黄釉刻花簠

Yellow Glazed *Fu* Vessel with Inscribed Designs

清光绪（1875~1908 年）

口长径 25.7、短径 21.2、

通高 27 厘米

天坛公园藏

瓷质。长方体，平唇，器身四框斜壁，收成斗形，平底，两侧附夔龙耳，四侈矩形足。器身饰夔龙纹，束为回纹，足为云纹。盖四框斜壁，向上收成覆斗形，平顶两侧附坛龙耳，子口，饰夔龙纹。盖顶四围斜出波状棱，顶面纯素。器身通施黄釉。足内阴刻“大清光绪年制”六字双行楷书款。

地坛正位、配位、从位，社稷坛、先农坛、先蚕坛、地祇坛祭祀时陈设，用于盛稻、粱。

29

黄釉重环纹登

Yellow Glazed *Deng* Vessel with Inscribed Designs

清光绪（1875~1908 年）

口径 16.5，通高 30 厘米

天坛公园藏

瓷质。圆口平唇，器身直壁折腹，喇叭形高足中空。腹依次为垂云纹、重环纹、校围波纹、金钣纹，足为波带黻纹。弧形盖，交叉绳纹纽，子口，面饰波纹、重环纹。器身通施黄釉。足内边缘阴刻“大清光绪年制”六字单行楷书款。

地坛正位、配位、从位，社稷坛、先农坛、先蚕坛、地祇坛祭祀时陈设，用于盛太羹。

30

黄釉刻花锦纹铏

Yellow Glazed *Xing* Vessel with Incribed Designs

清光绪（1875~1908 年）

口径 16、通高 29 厘米

天坛公园藏

瓷质。圆口平唇，下腹内收，平底，三云状足，器身两侧饰牺形耳。口饰藻纹、回纹，腹为贝纹，足饰云纹。弧形盖，子口，面饰藻纹、回纹、雷纹。盖顶云状三峰，饰以云纹，峰间饰藻纹。底阴刻“大清光绪年制”六字双行楷书款。

地坛从位及社稷坛、先农坛、先蚕坛、地祇坛祭祀时，用于盛和羹。

31

黄釉荷叶形盖尊

Yellow Glazed *Zun* Vessel with Lotus Leaf Like Lid

清光绪（1875~1908年）

口径17.7，通高41厘米

天坛公园藏

瓷质。直口，平唇，短颈，丰肩，收腹，隐圈足。荷叶形盖，子口，盖上刻荷叶茎脉纹，螺纽。器身通施黄釉。底书“大清光绪年制”六字双行楷书款。

盛酒具。地坛正位、配位、从位及先农坛、先蚕坛祭祀时使用。

32

黄釉爵

Yellow Glazed *Jue* Cup

清光绪（1875~1908 年）

口长径 17.5、短径 7、通高 16 厘米

天坛公园藏

瓷质。平口，前部流口尖收，尾部弧腹圆收，杯部圆柱形，深腹，平底，柱耳，三柱足外侈。器身通施黄釉。

地坛从位、先农坛、先蚕坛、社稷坛祭祀时陈设，用于献酒。

33

黄釉盏

Yellow Glazed *Zhan* Cup

清光绪（1875~1908 年）

口径 10.8、高 6.5 厘米

天坛公园藏

瓷质。撇口，弧腹，深腹平底，圈足。器身外施黄釉。底书“大清光绪年制”六字双行楷书款。

祭地礼器。地坛从位祭祀陈设。

34

黄釉双龙纹盘

Yellow Glazed Plate with Inscribed Double Dragon Design

清光绪（1875~1908年）

口径32、高6厘米

天坛公园藏

瓷质。敞口，弧腹，平底，圈足。内底刻双线弦纹，心刻暗花双龙戏珠纹。器身施黄釉。底阴刻“大清光绪年制”六字双行楷书款。

古称毛血盘。地坛、社稷坛、先农坛、先蚕坛祭祀时，用于盛牺牲毛血。

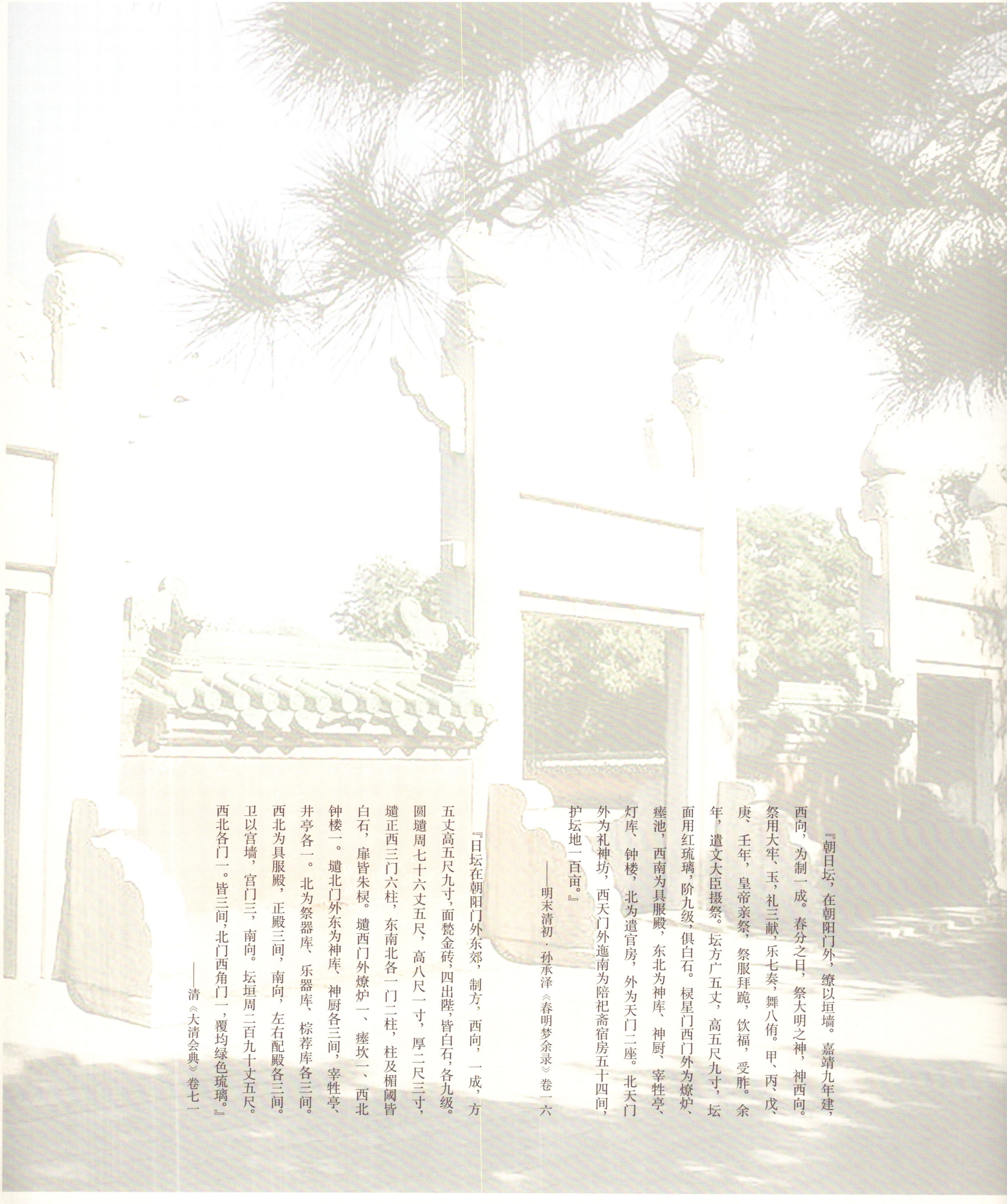

『朝日坛，在朝阳门外，缭以垣墙。嘉靖九年建，西向，为制一成。春分之日，祭大明之神，神西向。祭用大牢、玉，礼三献，乐七奏，舞八佾。甲、丙、戊、庚、壬年，皇帝亲祭，祭服拜跪，饮福，受胙。余年，遣文大臣摄祭。坛方广五丈，高五尺九寸，坛面用红琉璃，阶九级，俱白石。棂星门西门外为燎炉、瘗池，西南为具服殿，东北为神库、神厨、宰牲亭、灯库、钟楼，北为遣官房，外为天门二座。北天门外为礼神坊，西天门外迤南为陪祀斋宿房五十四间，护坛地一百亩。』

——明末清初·孙承泽《春明梦余录》卷一六

『日坛在朝阳门外东郊，制方，西向，一成，方五丈高五尺九寸，面甃金砖，四出陛，皆白石，各九级。圆壝周七十六丈五尺，高八尺一寸，厚二尺三寸，壝正西三门六柱，东南北各一门二柱，柱及楣阈皆白石，扉皆朱棂。壝西门外燎炉一、瘗坎一、西北钟楼一。壝北门外东为神库、神厨各三间，宰牲亭、井亭各一。北为祭器库、乐器库、棕荐库各三间。西北为具服殿，正殿三间，南向，左右配殿各三间。卫以宫墙，宫门三，南向。坛垣周二百九十丈五尺。西北各门一。皆三间，北门西角门一，覆均绿色琉璃。』

——清《大清会典》卷七一

35

赤璧

Red *Bi* Disk

清中后期（1736~1911年）

直径15厘米

天坛公园藏

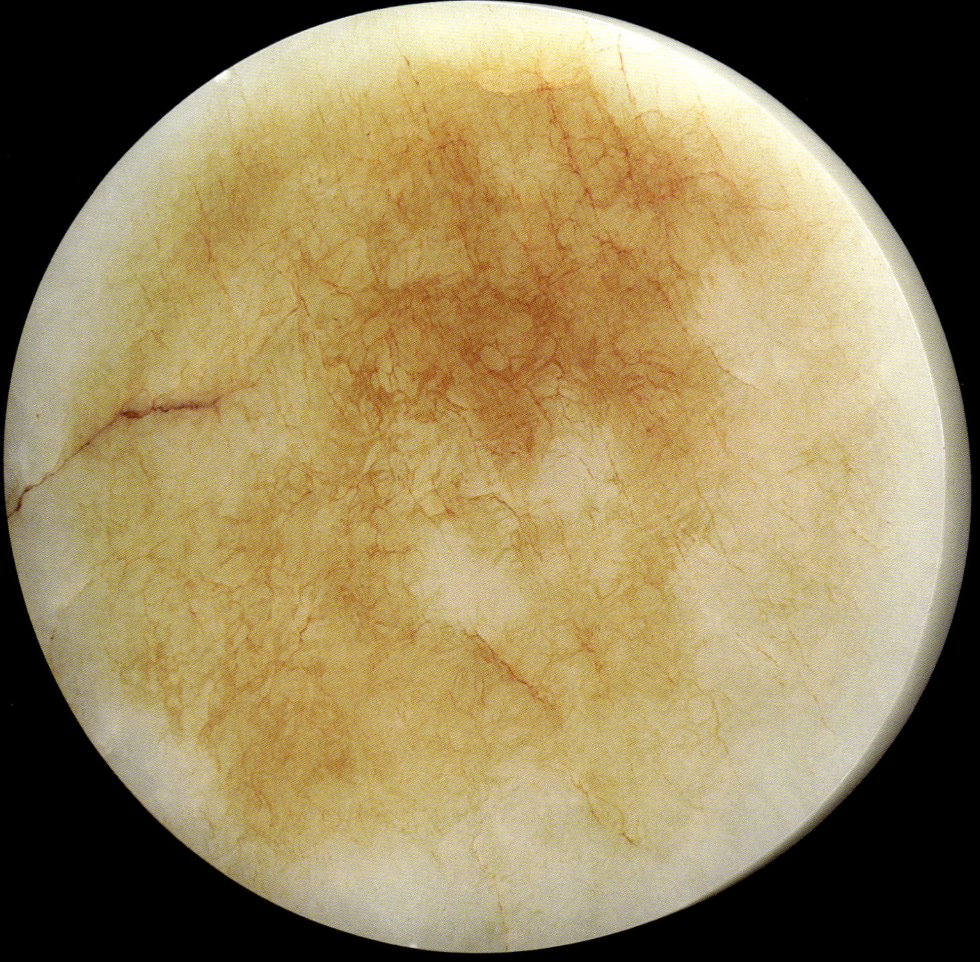

和田玉质。祭日礼器。朝日坛祭祀陈设。清乾隆朝根据《周礼》“以赤璋礼南方”“半圭曰璋”，认为赤璋并非用于祭日，且形制与“日”不符，又有“圭璧以祀日月星辰”的记载，因此将朝日坛用赤璋旧制改为用赤璧。

36

藕荷釉刻花豆

Purple Glazed *Dou* Stemmed Plate with Inscribed Designs

清光绪（1875~1908年）

通高25.5、口径15.5厘米

天坛公园藏

瓷质。圆口平唇，弧腹，喇叭形高足中空。腹依次为垂云纹、回纹、校围波纹、金钣纹，足为波带黻纹。弧形盖，圆纽，子口。盖上饰星纹、垂云纹、回纹。器身通施藕荷釉。足内边缘阴刻“大清光绪年制”六字单行楷书款。

祭日礼器。朝日坛祭祀陈设。

37

藕荷釉刻花簋

Purple Glazed *Gui* Vessel with Inscribed Designs

清光绪（1875~1908年）

口长径22.7、短径18、

通高23.5厘米

天坛公园藏

瓷质。椭圆体，弧腹斜收，椭圆高圈足中空。口饰回纹，腹为云纹，束为波带黻纹，足为星云纹、重环纹。器身两侧附夔凤耳。盖弧形隆起，子口，饰回纹，面为云纹，顶为夔凤云纹。盖上有棱四出，饰凤纹。器身通施藕荷釉。足内阴刻“大清光绪年制”六字双行楷书款。

祭日礼器。朝日坛祭祀陈设，每案2只，内盛黍、稷。

38

藕荷釉刻花簠

Purple Glazed *Fu* Vessel with Inscribed Designs

清光绪（1875~1908 年）

口长径 25.6、短径 21.6、通高 28.5 厘米

天坛公园藏

瓷质。长方体，平唇，器身四框斜壁，收成斗形，平底，两侧附夔龙耳，四侈矩形足。器身饰夔龙纹，束为回纹，足为云纹。盖四框斜壁，向上收成覆斗形，平顶两侧附坛龙耳，子口，饰夔龙纹。盖顶四围斜出波状棱，顶面纯素。器身通施藕荷釉。足内阴刻“大清光绪年制”六字双行楷书款。

祭日礼器。朝日坛祭祀陈设，每案 2 只，用以盛放稻、粱。

39

藕荷釉重环纹登

Purple Glazed *Deng* Vessel with Inscribed Designs

清光绪（1875~1908 年）

口径 16.5，通高 30.5 厘米

天坛公园藏

瓷质。圆口平唇，器身直壁折腹，喇叭形高足中空。腹依次为垂云纹、重环纹、校围波纹、金钣纹，足为波带黻纹。弧形盖，交叉绳纹纽，子口，面饰波纹、重环纹。器身通施藕荷釉。足内边缘阴刻“大清光绪年制”六字单行楷书款。

祭日礼器。朝日坛大祀陈设，用于盛太羹。

40

藕荷釉刻花锦纹铏

Purple Glazed *Xing* Vessel with Inscribed Designs

清光绪（1875~1908 年）

口径 17、通高 28 厘米

天坛公园藏

瓷质。圆口平唇，下腹内收，平底，三云状足，器身两侧饰牺形耳。口饰藻纹、回纹，腹为贝纹，足饰云纹。弧形盖，子口，面饰藻纹、回纹、雷纹。盖顶云状三峰，饰以云纹，峰间饰藻纹。底阴刻“大清光绪年制”六字双行楷书款。

祭日礼器。朝日坛祭祀陈设，每案 2 只，内盛和羹。

41

藕荷釉荷叶形盖尊

Purple Glazed *Zun* Vessel with Lotus Leaf Like Lid

清光绪（1875~1908年）

口径17.7、通高44.5厘米

天坛公园藏

瓷质。直口，平唇，短颈，丰肩，收腹，隐圈足。荷叶形盖，子口，盖上刻荷叶茎脉纹，螺纽。器身通施藕荷釉。底书“大清光绪年制”六字双行楷书款。

祭日礼器。朝日坛祭祀，陈于尊桌，用于盛酒。

42

藕荷釉双龙纹盘

Purple Glazed Plate with Inscribed Double Dragon Design

清光绪（1875~1908年）

口径31.5、高5.8厘米

天坛公园藏

瓷质。敞口，弧腹，平底，圈足。内底刻双线弦纹，心刻暗花双龙戏珠纹。器身施藕荷釉。底“大清光绪年制”六字双行楷书款。

祭日礼器。日坛祭祀时，用于盛放牺牲的毛血。

43

藕荷釉盏

Purple Glazed *Zhan* Cup

清光绪（1875~1908年）

口径10.8、高6.5厘米

天坛公园藏

瓷质。撇口，弧腹，深腹平底，圈足。器身施藕荷釉。底“大清光绪年制”六字双行楷书款。

祭日礼器。朝日坛祭祀陈设。

『夕月坛，在阜成门外，缭以垣墙。嘉靖九年建，东向，为制一成。秋分之日，祭夜明之神，神东向。祭用牲、玉，献、舞如朝日仪，惟乐六奏。从祀：二十八宿，木、火、土、金、水五星，周天星辰。丑、辰、未、戌年皇帝皮弁服亲祀，亦如朝日仪；余年遣武臣摄祭。坛方广四丈，高四尺六寸，面白琉璃，阶六级，俱白石。内棂星门四，东门外为瘗池，东北为具服殿，南门外为神库，西南为宰牲亭、神厨、祭器库，北门外为钟楼，遣官房。外天门二座，东天门外北为礼神坊。护坛地三十六亩。祭日之时以寅，祭月之时以亥。』

——明末清初·孙承泽《春明梦余录》卷一六

44

白璧

White *Bi* Disk

清中后期（1736~1911年）

直径12.8，厚1.5厘米

天坛公园藏

和田玉质。祭月礼器。夕月坛祭祀陈设。清乾隆朝根据《周礼》“以白琥礼西方”、“琥猛象秋严”、“以玉长九寸广五寸刻伏虎形，高三寸”，认为白琥并非用于祀月，且形制与“月”不符，因此将夕月坛用白琥旧制改为用白璧。

『月坛在阜成门外西郊，制方，东向，一成，方四丈，高四尺六寸，面甃金砖，四出陛，皆白石，各六级。方壝周九十四丈七尺，高八尺，厚二尺二寸。壝正东三门六柱，西南北各一门二柱，柱及楣阈皆白石，扉皆朱棂。壝东门北门外燎炉各一、瘗坎一。东北钟楼一。壝南门外西为神库、神厨各三间，宰牲亭、井亭各一。南为祭器库、乐器库各三间。东北为具服殿，正殿三间，南向，左右配殿各三间。卫以宫墙，宫门三，南向。坛垣周二百三十五丈九尺五寸，东北各门一，皆三门，北门东角门一，覆瓦均绿色琉璃。』

——清《大清会典》卷七一

45

月白釉刻花豆

Moon-white Glazed *Dou* Stemmed Plate with Incribed Designs

清光绪（1875~1908 年）

口径 15.5，通高 25.5 厘米

天坛公园藏

瓷质。圆口平唇，弧腹，喇叭形高足中空。腹依次为垂云纹、回纹，校围波纹、金钣纹，足为波带黻纹。弧形盖，圆纽，子口。盖上饰星纹、垂云纹、回纹。器身通施月白釉。足内边缘阴刻“大清光绪年制”六字单行楷书款。

祭月礼器。夕月坛祭祀陈设。

46

月白釉刻花簋

Moon-white Glazed *Gui* Vessel with Inscribed Designs

清光绪（1875~1908 年）

口长径 22.5、短径 18.5、

通高 23 厘米

天坛公园藏

瓷质。椭圆体，弧腹斜收，椭圆高圈足中空。口饰回纹，腹为云纹，束为波带黻纹，足为星云纹、重环纹。器身两侧附夔凤耳。盖弧形隆起，子口，饰回纹，面为云纹，顶为夔凤云纹。盖上有棱四出，饰凤纹。器身通施月白釉。足内阴刻“大清光绪年制”六字双行楷书款。

祭月礼器。夕月坛祭祀陈设，每案 2 只，内盛黍、稷。

47

月白釉刻花簠

Moon-white Glazed *Fu* Vessel with Inscribed Designs

清光绪（1875~1908 年）

口长径 25.3、短径 21、通高 28 厘米

天坛公园藏

瓷质。长方体，平唇，器身四框斜壁，收成斗形，平底，两侧附夔龙耳，四侈矩形足。器身饰夔龙纹，束为回纹，足为云纹。盖四框斜壁，向上收成覆斗形，平顶两侧附坛龙耳，子口，饰夔龙纹。盖顶四围斜出波状棱。器身通施月白釉。足内阴刻“大清光绪年制”六字双行楷书款。

祭月礼器。夕月坛祭祀陈设，每案 2 只，用以盛放稻、粱。

48

月白釉重环纹登

Moon-white Glazed *Deng* Vessel with Inscribed Designs

清光绪（1875~1908 年）

口径 16、通高 30 厘米

天坛公园藏

瓷质。圆口平唇，器身直壁折腹，喇叭形高足中空。腹依次为垂云纹、重环纹，校围波纹、金钣纹，足为波带黻纹。弧形盖，交叉绳纹纽，子口，面饰波纹、重环纹。器身通施月白釉。足内边缘阴刻“大清光绪年制”六字单行楷书款。

祭月礼器。夕月坛祭祀陈设，用于盛太羹。

49

月白釉刻花锦纹铏

Moon-white Glazed *Xing* Vessel with Inscribed Designs

清光绪（1875~1908 年）

口径 16、通高 29 厘米

天坛公园藏

瓷质。圆口平唇，下腹内收，平底，三云状足，器身两侧饰牺形耳。口饰藻纹、回纹，腹为贝纹，足饰云纹。弧形盖，子口，面饰藻纹、回纹、雷纹。盖顶云状三峰，饰以云纹，峰间饰藻纹。底阴刻“大清光绪年制”六字双行楷书款。

祭月礼器。夕月坛祭祀陈设，每案 2 只，内盛和羹。

50

月白釉荷叶形盖尊

Moon-white Glazed *Zun* Vessel with Lotus Leaf Like Lid

清光绪（1875~1908 年）

口径 17.7、通高 41 厘米

天坛公园藏

瓷质。直口，平唇，短颈，丰肩，收腹，隐圈足。荷叶形盖，子口，盖上刻荷叶茎脉纹，螺纽。器身通施月白釉。底“大清光绪年制”六字双行楷书款。

祭月礼器。月坛大祀，陈于尊桌，用于盛酒。

51

月白釉盏

Moon-white Glazed *Zhan* Cup

清光绪（1875~1908 年）

口径 10.8、高 6.5 厘米

天坛公园藏

瓷质。撇口，弧腹，深腹平底，圈足。器身施月白釉。底“大清光绪年制”六字双行楷书款。

祭月礼器。夕月坛大祀陈设。

『先农坛在正阳门外西南，制方，南向，一成，方四丈七尺，高四尺五寸，四出陛，各八级。东南为瘗坎。坛北为殿五间，以藏神牌。东神库、西神厨各五间，左右井亭各一。东南为观耕台，方广五丈，高五尺，面甃金砖，四围黄绿琉璃，南东西三出陛，各八级，绕以白石阑柱，前为耤田。后为具服殿五间，南向，三出陛，南九级，东西各七级。东北为神仓，中廪制圆，前为收谷亭，左右仓十有二间，后为祭器库。缭以周垣，南门一。太岁殿在先农坛之东北，正殿七间，南向，三出陛，各六级，东西庑各十有一间，前为拜殿七间，拜殿东南燎炉一。坛内垣南北东西各三门。神祇坛在先农坛内垣外之东南，正南三门，缭以重垣。东为天神坛，制方，南向，一成，方五丈，高四尺五寸五分，四出陛，各九级。坛北设青白石龛四，镂以云形，各高九尺二寸五分，祀云雨风雷之神。壝方二十四丈，高五尺五寸。壝正南三门六柱，东西北各一门二柱，柱及楣阈皆白石，扉皆朱棂。西为地祇坛，制方，北向，一成，广十丈，纵六丈，高四尺，四出陛，各六级。坛南设青白石龛五，内镂山形者三，祭五岳、五镇、五山之祇；镂水形者二，龛下四围凿池，祭则贮水，祭四海、四渎之祇，各高八尺二寸。坛东从位石龛山、水形各一，祭京畿名山、大川之祇。西从位石龛山、水形各一，祭天下名山大川之祇，各高七尺六寸。壝方二十四丈，高五尺五寸。壝正北三门六柱，东西南各一门二柱，柱及楣阈皆白石，扉皆朱棂。坛内垣东门外北为庆成宫，南向，正殿五间，崇基石阑，前左右三出陛，各九级。后殿五间，左右配殿各三间。正殿前时辰牌石亭一。内宫墙南三门东西掖门各一，外宫墙南中三门左右各一门。东南钟楼一。坛外垣周千三百六十八丈，东向门二，南北并列，南入先农坛，北入太岁殿皆三门，角门一。』

——清《大清会典》卷七一

『社稷坛在阙右，坛制方，北向，二成，高四尺，上成方五丈，二成方五丈三尺，四出陛，各四级，皆白石。上成以五色土辨方分筑。内壝方七十六丈四尺，高四尺，厚二尺，甃以四色琉璃砖，各随方色，覆瓦亦如之，门四，各二柱，柱及楣阈皆白石，扉皆朱棂。内壝西北瘗坎二，坛北拜殿、戟门各五间，戟门列戟七十有二，均上覆黄琉璃，前后各三出陛。内壝西南神库、神厨各五间，井一。坛垣周二百六十八丈四尺，内外丹雘，覆以黄琉璃。北三门，东西南各一门。西门外宰牲亭一、井一。坛北门外东北隅正门一、左右门各一。南门外东南社稷街门五间，东北社稷左门三间，均东向。』

——清《大清会典》卷七一

『凡祭社稷之礼，崇建社稷坛于端门之右，为坛二成，上敷五色土，如其方色。岁春祈、秋报皆以仲月上戊日，祭太社、太稷之神，以后土句龙氏、后稷氏配，太社位右，太稷位左，均北向，后土句龙氏东位西向，后稷氏西位东向。太社太稷各方珪一，色一黄一青，帛一、牛一、羊一、豕一、登一、铏二、簠簋各二、笾豆各十有二、尊一、玉爵一、陶爵二、炉一、镫二。后土句龙氏、后稷氏各帛一、牛一、羊一、豕一、登一、铏二、簠簋各二、笾豆各十有二、尊一、陶爵三、炉一、镫二。先祭一日，乐部设中和韶乐于坛下，分左右悬。』

——清《大清会典》卷四三

『山川坛，在正阳门南之右，永乐十八年建。缭以垣墙，周回六里。洪武三年，建山川坛于天地坛之西。正殿七坛：曰太岁，曰风、云、雷、雨，曰五岳，曰四镇，曰四海，曰四渎，曰钟山之神，两庑从祀六坛：左京畿山川，夏、冬季月将，右都城隍，春、秋季月将。二十一年，各设坛于大祀殿，以孟春从祀，遂于山川坛惟仲秋一祭。永乐建坛北京，一如其制，进祀天寿山于钟山下。嘉靖十一年，即山川坛为天神、地祇二坛，以仲秋中旬致祭。别建太岁坛，专祀太岁。东庑为春、秋月将，西庑为夏、冬月将，各二坛。前为拜殿、宰牲亭。南为川井，即山川坛旧井，有龙蛰其中。坛西南有先农坛，东旗纛庙。坛南耤田在焉。十年，定太岁、月将祭期，岁于孟春享庙，岁暮祫祭之日，遣官行礼。隆庆元年，礼官议天神、地祇既从祀南、北郊，仲秋不宜复有神祇坛之祭，罢之，而太岁之祭如故。』

——明末清初·孙承泽《春明梦余录》卷一五

52

白釉刻花豆

White Glazed *Dou* Stemmed Plate with Incribed Designs

清光绪（1875~1908 年）

口径 15、通高 26.5 厘米

天坛公园藏

瓷质。圆口平唇，弧腹，喇叭形高足中空。腹依次为垂云纹、回纹，校围波纹、金钣纹，足为波带黻纹。弧形盖，圆纽，子口。盖上饰星纹、垂云纹、回纹。器身通施白釉。足内边缘阴刻“大清光绪年制”六字单行楷书款。

祭祀礼器。天神坛、地祇坛、太岁坛祭祀陈设。

53

白釉刻花簋

White Glazed *Gui* Vessel with Inscribed Designs

清光绪（1875~1908年）

口长径23、短径19、

通高23.5厘米

天坛公园藏

瓷质。椭圆体，弧腹斜收，椭圆高圈足中空。口饰回纹，腹为云纹，束为波带黻纹，足为星云纹、重环纹。器身两侧附夔凤耳。盖弧形隆起，子口，饰回纹，面为云纹，顶为夔凤云纹。盖上有棱四出，饰凤纹。器身施白釉。足内阴刻“大清光绪年制”六字双行楷书款。

太岁坛祭祀陈设，每案2只，内盛黍、稷。

54

白釉刻花簠

White Glazed *Fu* Vessel with Inscribed Designs

清光绪（1875~1908 年）

口长径 25.5、短径 21、

通高 28 厘米

天坛公园藏

瓷质。长方体，平唇，器身四框斜壁，收成斗形，平底，两侧附夔龙耳，四侈矩形足。器身饰夔龙纹，束为回纹，足为云纹。盖四框斜壁，向上收成覆斗形，平顶两侧附坛龙耳，子口，饰夔龙纹。盖顶四围斜出波状棱，顶面纯素。器身通施白釉。足内阴刻“大清光绪年制”六字双行楷书款。

太岁坛祭祀陈设，每案 2 只，用以盛放稻、粱。

55

白釉重环纹登

White Glazed *Deng* Vessel with Inscribed Designs

清光绪（1875~1908年）

口径16、通高30厘米

天坛公园藏

瓷质。圆口平唇，器身直壁折腹，喇叭形高足中空。腹依次为垂云纹、重环纹，校围波纹、金钣纹，足为波带黻纹。弧形盖，交叉绳纹纽，子口，面饰波纹、重环纹。器身通施白釉。足内边缘阴刻“大清光绪年制”六字单行楷书款。

太岁坛祭祀陈设。

56

白釉刻花锦纹铏

White Glazed *Xing* Vessel with Inscribed Designs

清光绪（1875~1908 年）

口径 17，通高 29 厘米

天坛公园藏

瓷质。圆口平唇，下腹内收，平底，三云状足，器身两侧饰牺形耳。口饰藻纹、回纹，腹为贝纹，足饰云纹。弧形盖，子口，面饰藻纹、回纹、雷纹。盖顶云状三峰，饰以云纹，峰间饰藻纹。底阴刻“大清光绪年制”六字双行楷书款。

太岁坛祭祀陈设，每案 2 只，内盛和羹。

57

白釉荷叶形盖尊

White Glazed *Zun* Vessel with Lotus Leaf Like Lid

清光绪（1875~1908年）

口径 17.7，通高 41 厘米

天坛公园藏

瓷质。直口，平唇，短颈，丰肩，收腹，隐圈足。荷叶形盖，子口，盖上刻荷叶茎脉纹，螺纽。器身通施白釉。底“大清光绪年制”六字双行楷书款。

天神坛、地祇坛、太岁坛祭祀，陈于尊桌，用于盛酒。

58

白釉盏

White Glazed *Zhan* Cup

清光绪（1875~1908年）

口径10.8、高6.5厘米

天坛公园藏

瓷质。撇口，弧腹，深腹平底，圈足。器身白釉。底书“大清光绪年制”六字双行楷书款。

祭祀礼器。先农坛、先蚕坛、太岁坛祭祀时陈设白釉盏。

59

白釉爵

White Glazed *Jue* Cup

清光绪（1875~1908年）

口长径17.5、短径7、通高16厘米

天坛公园藏

瓷质。平口，前部流口尖收，尾部弧腹圆收，杯部圆柱形，深腹，平底，柱耳，三柱足外侈。器身通施白釉。

天神坛、地祇坛、太岁坛祭祀时，用于献酒。

60

铜簋

Bronze *Gui* Vessel

清乾隆（1736~1795 厘米）

长径 23.2、短径 18、

通高 24.5 厘米

天坛公园藏

铜质。椭圆体，器身直壁弧腹，椭圆高圈足中空。器身饰回纹、云纹，束为波带黻纹，足为星云纹、回纹。器身两侧附夔凤耳。盖直壁斜收，顶微隆，子口，饰回纹、云纹，顶为夔凤云纹。盖上有棱四出，饰凤纹。盖、器对铭，盖里、足底皆阳文篆刻“大清乾隆年制”六字三行篆书款。

历代帝王庙，先师庙，先医庙，关帝庙，文昌庙，都城隍庙，黑龙潭、玉泉山、昆明湖三龙神祠祭祀时陈设。

『凡祭之笾以竹丝编造，用绢为里，髹漆。郊坛之笾纯漆，太庙画以文采。豆、登、簠、簋，郊坛用陶，太庙之豆与簠、簋皆用木，髹漆，饰以金玉。登亦用陶，铏则范铜而饰以金。贮酒以尊，郊坛之尊用陶，太庙春用牺尊，夏象尊，秋着尊，冬壶尊，岁暮大祫用山尊，均范铜为之。献酌以爵，圜丘、祈谷、常雩、方泽诸大祀用匏，因其自然，承以檀香垫座，如爵之制，不雕不琢，以昭尚质之义。太庙爵用玉，两庑用陶；社稷正位玉爵一、陶爵二，配位用陶；日、月、先农、先蚕各坛之爵，社稷、日、月、先农、先蚕各坛豆、登、簠、簋、铏、尊均用陶。前代帝王、先师及诸人鬼之祭所用豆及登、铏、簠、簋、尊、爵用铜，不加金饰。笾用木者皆以竹易之。

又祭品用陶必辨其色，圜丘、祈谷、常雩色用青，方泽色用黄，日坛用赤，月坛用白，社稷、先农用黄。太庙之登用陶，黄质，饰华以采。其余应用陶器者皆从白。盛帛以篚，竹丝编造，髹以漆，亦各如其器之色。其铏式大小深广均仍其旧。载牲以俎，木制，髹以丹漆。毛血盘用陶，各从其色。皆由内务府办理。』

——清《大清会典则例》卷七五

61

铜簠

Bronze Fu Vessel

清乾隆（1736~1795年）

口长径 26.3、短径 21、

通高 23.2 厘米

天坛公园藏

铜质。长方体，器身四框斜壁，收成斗形，平底，两侧附夔龙耳，四侈矩形足。器身饰夔龙纹，束为回纹，足为云纹。盖四框斜壁，向上收成覆斗形，平顶，两侧附坛龙耳，子口，饰夔龙纹。盖顶四围斜出波状棱，顶面纯素。盖、器对铭，盖里、足底皆阳文篆刻“大清乾隆年制”六字三行篆书款。

历代帝王庙、先师庙、先医庙、关帝庙、文昌庙、都城隍庙，及黑龙潭、玉泉山、昆明湖三龙神祠祭祀时陈设。

62

铜豆

Bronze *Dou* Stemmed Plate

清乾隆（1736~1795年）

口径15、通高26厘米

天坛公园藏

铜质。圆口，器身直壁折腹，喇叭形高足中空。腹为垂云纹、回纹、校围波纹、金钣纹，足为波带黻纹。弧形盖，交叉绳纹纽，子口，面饰波纹、重环纹。足外缘阳文篆刻“大清乾隆年制”六字单行篆书款。盖里篆刻“大清乾隆年制”六字三行篆书款。

历代帝王庙、传心殿正位、先师庙、先医庙、关帝庙、文昌庙、都城隍庙，及黑龙潭、玉泉山、昆明湖三龙神祠祭祀时陈设。

63

铜铏

Bronze *Xing* Vessel

清乾隆（1736~1795年）

口径16.4、通高26厘米

天坛公园藏

铜质。直壁深腹，下腹内收，平底，三云状足，器身两侧饰牺形耳。口饰藻纹、回纹，腹为贝纹，足饰云纹。弧形盖，子口，面饰藻纹、回纹、雷纹。盖顶云状三峰，饰以云纹，峰间饰藻纹。盖、器对铭，盖里、足底皆阳文篆刻“大清乾隆年制”六字三行篆书款。

历代帝王庙，传心殿，先师庙正位、配位、哲位，崇圣祠正位，先医庙正位、配位，太庙两庑，关帝庙、文昌庙、都城隍庙祭祀时陈设。

64

双牺耳铜尊

Bronze Zun Vessel with Double Animal Head Handles

清乾隆（1736~1795年）

口径16.7，通高27.4厘米

天坛公园藏

铜质。直口，丰肩，收腹，平底，肩上两耳牺首形。底阳文篆刻“大清乾隆年制”六字三行篆书款。

历代帝王庙、传心殿、先师庙、先医庙、关帝庙、文昌庙、都城隍庙，及黑龙潭、玉泉山、昆明湖三龙神祠祭祀时陈设。

65

铜爵

Bronze *Jue* Cup

清乾隆（1736~1795年）

口长径 16.9、短径 7、通高 17.4 厘米

天坛公园藏

铜质。流口尖收，尾部上翘，深腹，圆底，双柱，柱帽菌形，三柱足外侈。杯腹为雷纹、饕餮纹。底部阳文篆刻“大清乾隆年制”六字三行篆书款。

历代帝王庙、传心殿、先师庙、先医庙、关帝庙、文昌庙、都城隍庙，及黑龙潭、玉泉山、昆明湖三龙神祠祭祀时使用。

66

匏爵

Coconut Cup with a Seat

清乾隆（1736~1795年）

口径 12.1、通高 17.5 厘米

天坛公园藏

器分两部分。杯部为刳椰壳的一半而成，圆口圆唇弧腹圆里，银里涂金。下有爵玷，阔口，束颈，鼓腹，三足外侈。椰壳及爵玷底部阴刻“大清乾隆年制”六字三行篆书款。

天坛正位、配位，祈谷坛正位、配位，地坛正位、配位祭祀时陈设。

67

碧玉爵

Green Jade *Jue* Cup

清中晚期

口长径 17.6、短径 7.1、通高 17.7 厘米

天坛公园藏

碧玉。椭圆口，流部、尾部微上翘，流口略尖，杯部圆柱形，深腹，平底，柱耳，棱柱足三出。其造型、纹饰皆仿青铜器。

太庙正殿、后殿祭祀时陈设的祭器。

68

碧玉交龙纽『万世法戒之宝』玺

Green Jade Imperial Seal with Twined Dragons Handle, the Incription "Wan Shi Fa Jie Zhi Bao"

清乾隆（1736~1795年）

长9.9、宽9.9、通高10厘米

天坛公园藏

碧玉质。方形，交龙纽，纽上穿黄色流苏。印文阳文篆刻“万世法戒之宝”。盒紫檀木制，须弥座，盖五面均刻海水江崖正龙纹。通体纹饰戗金。须弥座底部浮雕山海云龙纹，正中戗金乾纹。

乾隆皇帝一生刻印很多，此印专门于祭祀斋戒时使用。“万世法戒”，表达皇帝对自我警示控制的重视。

69

碧玉《御笔祭历代帝王庙礼成恭记》册

Green Jade Book Record of the Memorial Ritual Ceremony of Past Emperors

清乾隆五十年（1785 年）

册页长 23、宽 15 厘米

天坛公园藏

册页碧玉质，共十页，正反两面镌刻描金册文。首页镌刻海水江崖双降龙火珠纹，中央开光内刻“御笔祭历代帝王庙礼成恭记”，尾页一面刻海水江崖正龙，另一面册文结尾钤章朱文“古稀天子之宝”及阴文“犹日孜孜”。

乾隆五十年（1785 年）二月辛丑，乾隆亲诣历代帝王庙行礼，御制《祭历代帝王庙礼成恭记》。乾隆帝一生创作诗文很多，曾下旨将其中一些得意或重要的作品制成玉册，置于左右把玩或自警。此件文物，印证并彰显了乾隆皇帝对此次历代帝王庙增祀的重视。

祭
歷代帝王廟禮成恭記
予小子既敬遵
皇祖聖訓增祀
歷代帝王以今年二月春祭之

而又有不忍不言者世々子孫
其尚凜難諶之戒乎
乾隆五十年歲次乙巳季春
御筆

古稀天子之寶

猶日孜孜

70

斋戒铜人

Copper Figurine In Fasting Style

清（1644~1911年）

面宽20，厚17厘米，通高57厘米

天坛公园藏

铜质。立像戴冠，左手向胸，右手平抬向上，作抱持“斋戒”牌状。脚下方形底座，以钎插接上方人像。

每逢皇帝亲诣行礼的祭祀，祀前进斋戒牌、铜人。大祀天、地，遇皇帝驾御斋宫斋宿，铜人于乾清门安设二日，坛内斋宫安设一日。如皇帝不御斋宫，于乾清门安设三日。均祭日撤回。

71

银鎏金云鹤纹八卦圆熏炉

Gilding Silver Round Incense Burner with Cranes in Cloud and Eight-diagram Designs

清光绪二十九年（1903年）

通宽31.7、通高63厘米

天坛公园藏

鎏金银质。体圆，直口平唇，短颈，鼓腹，两侧饰天官耳，腹下三足。炉口雷纹，通体刻八卦云鹤纹。炉盖圆形，镂空乾、兑、震纹。香靠具七出，鹤纹如意云头，中间香插有圆框，以插圆形柱香。炉底阴刻楷书款“恒利银号造京平足纹，重一百九十一两五钱，镀金十五两三钱”“光绪癸卯年制”。

天坛大祀时，陈设于神位前正中炉几之上，用以熏香。

72

银鎏金质圆灯

Gilding Silver Round Lamp

清光绪二十九年（1903年）

腹围75.5、通高59厘米

天坛公园藏

鎏金银质。由灯罩、灯座两部分组成，整体圆柱笼形。灯座浮雕卷草纹、莲瓣纹，座台栏杆上下镂刻如意云纹栏板、挂落。灯提4柱贯穿灯罩内，柱顶三叉火焰珠。灯罩用软金丝编织成镂空网状圆筒笼形，敞檐镂刻缠枝莲宝相花纹。底部阴刻楷书款，“恒利银号造京平足纹，重二百两一钱”，“光绪癸卯年制”及“镀金十六两”。

天坛大祀时，神位前成对陈设，用以照明。

73

银鎏金方灯

Gilding Silver Square Lamp

清光绪二十九年（1903 年）

通长 21、通宽 21、通高 61.5 厘米

天坛公园藏

鎏金银质。由灯座、灯罩两部分组成，整体方柱形。灯座浮雕卷草纹、莲瓣纹，座台栏杆上下镂刻如意云纹栏板、挂落。灯提 4 柱贯穿灯罩内，柱顶三叉火焰珠。灯罩长方筒形，上下收口部刻缠枝莲宝相花纹。罩身镂刻斜方格几何纹，框饰回纹。底部阴刻楷书款“恒利银号造京平足纹。重二百七十两五钱”“光绪癸卯年制”“镀金二十一两六钱四分”。

方泽坛大祀时，神位前成对陈设，用以照明。

74

银鎏金云鹤纹八卦方熏炉

Gilding Silver Square Incense Burner with Cranes in Cloud and Eight-diagram Designs

清光绪二十九年（1903年）

通长26.5、通宽16.3、通高50厘米

天坛公园藏

鎏金银质。体长方，直口平唇，方腹平底，腹上部两侧饰方提耳，四高脚圆柱形足，炉腹内有香灰槽。炉口、炉体边框镌雷纹，通体刻八卦云鹤纹。炉盖长方形，镂空乾、震、艮纹。香韋具七出，鹤纹如意云头。炉底阴刻楷书款"恒利银号造京平足纹，重二百二两，镀金十六两一钱六分""光绪癸卯年制"。

方泽坛大祀时，陈设于神位前正中炉几之上，用以熏香。

75

竹筐

Bamboo Box

清光绪（1875~1908年）

通长72、通宽15、通高16厘米

天坛公园藏

长方体，面竹编，足、边框皆木胎，外髹黑漆，盖子口。盖内、足底阴刻描金“大清光绪年制”六字单行篆书款。

清乾隆改制以后，筐的制式因祭祀供奉处所不同而以四框髹漆的颜色来区别：天坛用青色，日坛、历代帝王庙、先师庙、先医庙、传心殿、太庙两庑用红色，月坛用月白色，地坛、太庙前后殿、奉先殿、社稷坛、先农坛、先蚕坛用黄色，天神坛、地祇坛、太岁坛、关帝庙、文昌庙、都城隍庙，及黑龙潭、玉泉山、昆明湖三龙神祠用黑色。

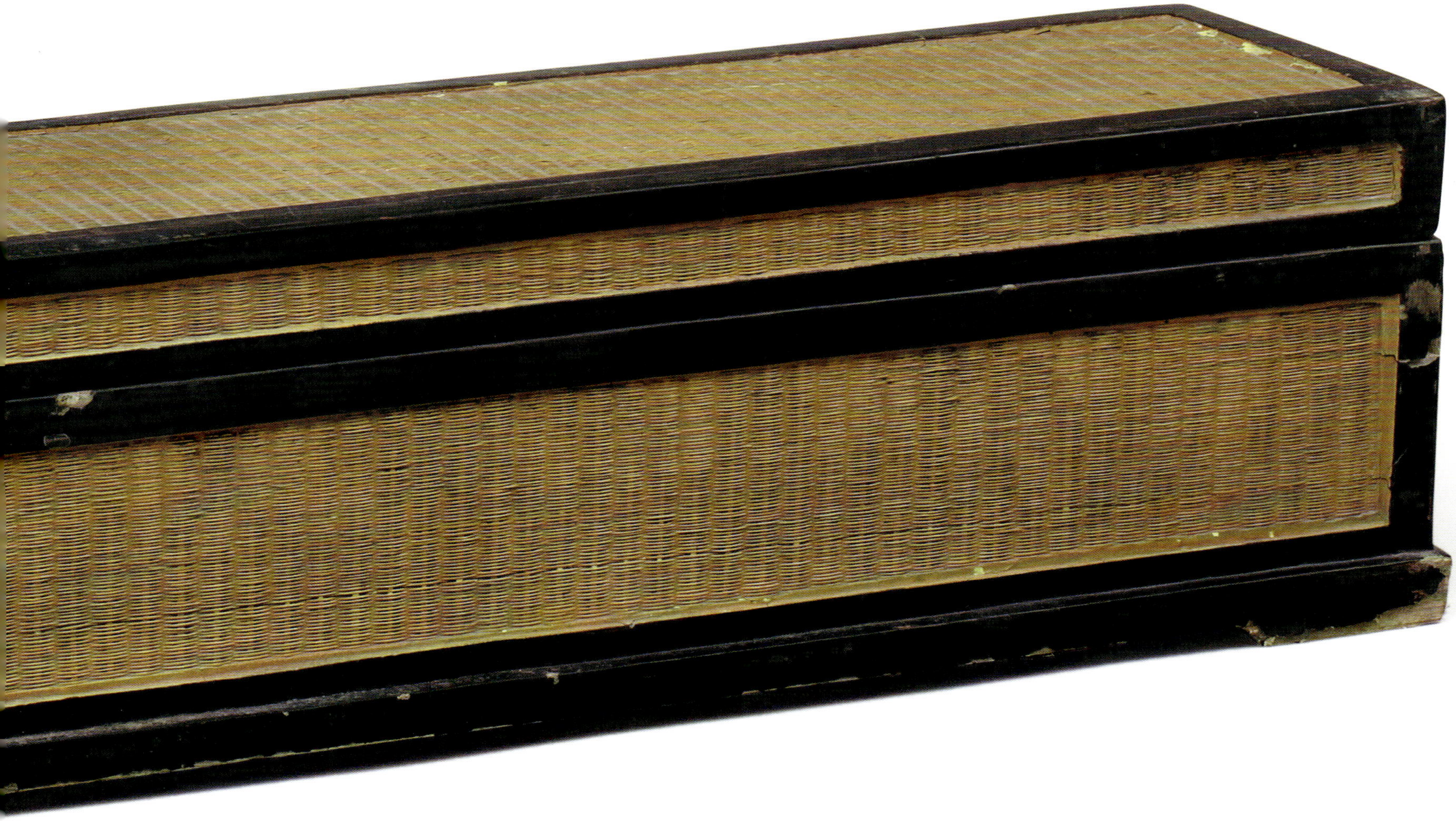

76

银鎏金葫芦形执壶

Gilding Silver Gourd-shaped Handled Kettle

清晚期（1840~1911 年）

口径 8.5、底径 17.5、通高 54 厘米

天坛公园藏

镀金银质。圆口方唇，葫芦形腹，圈足外撇，长弯流，耳状柄，壶流根部浮雕张口吞流状龙首，盖子口，宝珠纽，壶底镂金钱纹。

77

铜龙首酒提

Bronze Alcohol Dipper with Dragon Head Handle

清中晚期

通长 33 厘米

天坛公园藏

铜质。勺柄端透雕成龙首形，勺圆口弧腹，勺外镌雷纹、星云纹。

提酒用具。

78

白釉暗花蟠龙纹执壶

White Glazed Handled Kettle with Coiled Dragon Design

清光绪（1875~1908年）

口径7、底径8.6、通高28.5厘米

天坛公园藏

瓷质。侈口，细颈，垂腹，圈足略撇，颈与腹之间设长曲流和折柄，流有横梁与颈相连。弧形盖，宝珠纽。通体白釉，暗花凸起，口沿回纹，壶体双面蟠龙火珠纹。底书“大清光绪年制”六字双行楷书款。

盛酒用具。

79

铜鎏金『夹钟』镈钟

Gilding Bronze "Jiazhong" in the "Bozhong" Group of the Bell Set

清乾隆二十六年（1761年）

通高80厘米

天坛公园藏

铜质鎏金。古代甬钟形。曲“于”（钟口）。衡部镌阴阳鱼，旋上、篆部、鼓部均饰雷文。鼓部纹饰几何突起，雷纹做底。钲部正背两面中间均饰竖长梯形牌额。正面牌额镌刻篆字御制铭：

“自古在昔，功成作乐。辨物涓吉，铸此钟镈。皇祖正音，中和大备。讵独是遗，或存深意。绩底西旅，瑞出西江。考制象器，协和万邦。一虡特悬，用起律首。

编钟继奏，箫韶成九。宽横乐舞，必考必精，慎遵前宪，敢或损增。宣阳导阴，立均出度。万事本根，百王矩矱。繄余小子，蒙业重熙。赖天耆定，惟曰际时。范器识年，悉新已盛。铭无溢辞，惕乾懋敬。

乾隆御制”

背面牌额镌篆书该钟律名：

“镈钟第四夹钟　大清乾隆二十有六年岁在辛巳冬十一月乙未朔越六日庚子铸成”

牌额左右各铸“枚”9个，两面共36个。隧部无脐。

该钟为朝会、燕享中和韶乐二月使用，也是社稷坛、帝王庙、文庙春祭祭祀使用的镈钟。

在中和韶乐中用以起乐。每唱一句歌词之前，先击镈钟一下，宣以“金声”，乐舞才开始进行。以击“钟”发声为始，击“磬”收韵为终。“金声玉振”，有始有终，方显德行完备。

清代中和韶乐乐器共有十六种，每种乐器在朝会中使用一至八件不等，在重要祭祀（包括大祀和中祀）中，按等级依次降等减量。用于坛庙者，乐器设：镈钟一、特磬一、编钟十六、编磬十六、建鼓一、篪六、排箫二、埙二、箫十、笛十、琴十、瑟四、笙十、搏拊二、柷一、敔一、麾一。

——《清史稿·乐志》

80

铜鎏金编钟

Gilding Bronze Bells of the Bell Set

清乾隆十年（1745年）

口径20.2，高30.3厘米

天坛公园藏

编钟一组16枚。“黄钟”编钟通高30.3厘米，口径20.2厘米。

钟铜质鎏金。体腔圆，钟口平齐，鼓腹收口。卐字形钟钮，钟体雕5层纹饰，

3层三圆纹，2层等样纹，交替上下。两侧钲部浮雕“如意万代”（如意卷云纹）须弥座牌额，正面刻楷书音律名，背面刻楷书“大清乾隆十年制”，钟口铸尖角夔龙纹，前后隧部各有突起圆脐。

编钟是清代中和韶乐主奏乐器，一组共16枚，外形相同，薄厚不一，薄者声浊，厚者声清。编钟悬挂于簨簴（钟架）之上，横杆为簨，直柱为虡，簨3根簴2根。两簴下端承以五彩伏狮。上簨左右刻龙首，簨脊树金鸾5只，衔五彩流苏。中簨、下簨各悬钟8枚，八阳律在上，八阴律在下。

清代祭祀中和韶乐作乐时，歌生每唱歌词中一字之前，先敲击编钟一下用以宣声。

黄钟

倍南吕

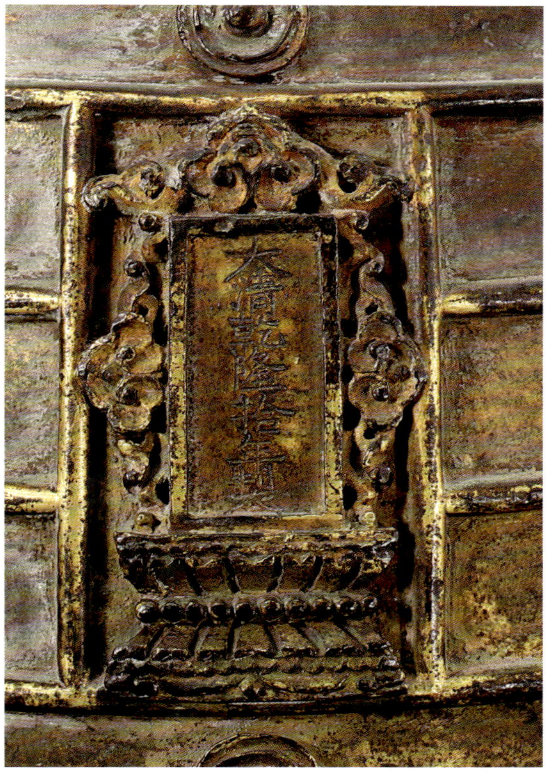

倍夷则

倍无则

倍应钟

大吕

夹钟

大簇

仲吕

姑洗

林
钟

蕤
賓

南
吕

夷
则

应
钟

无
射

81

碧玉『姑洗』特磬

Green Jade "Guxi" Chime Stone in the Chime Stone Set

清乾隆二十六年（1761年）

鼓长68.4、股长46、厚3厘米

天坛公园藏

和田玉制。呈钝角矩形，长边称鼓，短边称股。磬正面正中镌金字篆文清高宗御制铭："子舆有言，金声玉振，一虡无双，九成递进。准今酌古，既制镈钟，磬不可阙，条理始终。和阗我疆，玉山是矗，依度采取，以命磬叔。审音协律，咸备中和，泗滨同拊，其质则过。图经所传，浮岳泾水，谁诚见之，鸣球允此。法天则地，股二鼓三，依我绎如，兽舞鸾鬖。考乐惟时，乾禧祖德，翼翼绳承，抚是万国。益凛保泰，敢或伐功，敬识岁吉，辛巳乾隆。 乾隆御制"背面镌本律磬名及制成时间，金字篆文："特磬第五姑洗 大清乾隆二十有六年岁在辛巳冬十一月乙未朔越九日癸卯琢成。"两面铭文左右均饰以描金云龙纹。鼓股相交处钻有圆孔，孔周火焰纹。磬孔结黄绒紃悬挂于簨虡上。

簨虡，通高310、宽176厘米。横杆称簨，直柱称虡。簨2根虡2根，虡下有趺。趺上周围有垣，雕山水形纹，垣内雕白羽朱喙的卧凫，两虡贯凫背入趺。上簨两端雕凤首。簨脊立金凤1只，衔五彩流苏。下簨附有垂钩以悬磬，簨上有业（业为覆在横木上的装饰物），绘五彩云凤。

特磬在中和韶乐中用于止乐。凡作乐，乐将止，击特磬以收韵，即"金声玉振"之"玉振"。每枚特磬独立一虡，按律单陈。第五"姑洗"之律，在朝会、燕享中和韶乐中三月使用，先农坛祭祀亦用姑洗特磬。

镈钟特磬稽前制，
玉振金声集大成。
——清 弘历《冬至南郊礼成述事》

82

编磬

Chime Stone Set

清（1644~1911年）

通高49.5厘米

天坛公园藏

编磬为中和韶乐主奏乐器，一组16枚，悬挂于簨簴之上。朝会、祭祀、宴享用编磬皆同，唯独天坛（含圜丘、祈谷坛）使用碧玉编磬，其他用灵璧石。

本组编磬灵璧石制。磬长边称鼓，短边称股。磬两面绘描金云龙纹，股侧脊部镌制作年款，鼓侧脊部镌律名。磬面孔周火焰纹，祭时孔结黄绒紃，悬挂在簨虡上，上下各八枚。

清代祭祀中和韶乐作乐时，歌生每唱歌词中一字将止，击编磬一下收韵。

83

『南吕』石磬

Stone "Nanlü" Chime Stone in the Chime Stone Set

清康熙五十四年（1715年）

鼓长35.5、股长23.5、厚3.7厘米

天坛公园藏

灵璧石制。呈钝角矩形。磬两面绘描金云龙纹，股侧镌楷书"康熙五十四年制"，鼓侧镌楷书律名"南吕"。磬面孔周火焰纹，孔结黄绒紃，悬挂在簨虡上。

编磬为中和韶乐乐器，16枚一组悬挂于簨簴之上。朝会、祭祀、宴享用编磬皆同，唯独天坛（含圜丘、祈谷坛）使用碧玉编磬，其他用灵璧石。

84

『云师之神』神牌

Memorial Tablet of the Yunshi Cloud God

清（1644~1911年）

通高50厘米

天坛公园藏

木质髹红漆，金字楷书满汉合璧“云师之神”。

圜丘坛祀天、常雩、大雩大祀及天神坛陈设。

85

『雷师之神』神牌

Memorial Tablet of the Leishi Thunder God

清（1644~1911年）

通高59.5厘米

天坛公园藏

木质髹红漆，金字楷书满汉合璧“雷师之神”。

圜丘坛祀天、常雩、大雩大祀及天神坛陈设。

86

『雨师之神』神牌

Memorial Tablet of the Yushi Rain God

清（1644~1911年）

通高 59.5 厘米

天坛公园藏

木质髹红漆，金字楷书满汉合璧“雨师之神”。

圜丘坛祀天、常雩、大雩大祀及天神坛陈设。

87

『北斗七星之神』神牌

Memorial Tablet of the Big Dipper God

清（1644~1911年）

通高 50 厘米

天坛公园藏

木质髹黑漆，金字楷书满汉合璧“北斗七星之神”。

圜丘坛祀天、常雩、大雩大祀陈设。

88

『中镇霍山之神』神牌

Memorial Tablet of the Central Huo Mountain God

清（1644~1911年）

通高67厘米

天坛公园藏

木质髹红漆，阴刻金字楷书满汉合璧“中镇霍山之神”。

方泽坛、地祇坛陈设。

89

『南镇会稽山之神』神牌

Memorial Tablet of the Southern Kuaiji Mountain God

清（1644~1911年）

通高68厘米

天坛公园藏

木质髹红漆，阴刻金字楷书满汉合璧“南镇会稽山之神”。

方泽坛、地祇坛陈设。

90

『西渎大河之神』神牌

Memorial Tablet of the Western Yellow River God

清（1644~1911年）

通高66.5厘米

天坛公园藏

木质髹红漆，阴刻金字楷书满汉合璧“西渎大河之神”。

方泽坛、地祇坛陈设。

91

『东镇沂山之神』神牌

Memorial Tablet of the Eastern Yi Mountain God

清（1644~1911年）

通高67厘米

天坛公园藏

木质髹红漆，阴刻金字楷书满汉合璧“东镇沂山之神”。

方泽坛、地祇坛陈设。

92

『京畿名山之神』神牌

Memorial Tablet of the Mountain God of The Capital

清（1644~1911 年）

通高 67 厘米

天坛公园藏

木质髹红漆，阴刻金字楷书满汉合璧“京畿名山之神”。

方泽坛、地祇坛陈设。

93

『京畿大川之神』神牌

Memorial Tablet of the River God of The Capital

清（1644~1911 年）

通高 67 厘米

天坛公园藏

木质髹红漆，阴刻金字楷书满汉合璧“京畿大川之神”。

方泽坛、地祇坛陈设。

94

『东渎大淮之神』神牌

Memorial Tablet of the Eastern Huai River God

清（1644~1911年）

通高 66.9 厘米

天坛公园藏

木质髹红漆，阴刻金字楷书满汉合璧“东渎大淮之神”。

方泽坛、地祇坛陈设。

95

『隆业山之神』神牌

Memorial Tablet of the Longye Mountain God

清（1644~1911年）

通高 66.9 厘米

天坛公园藏

木质髹红漆，阴刻金字楷书满汉合璧“隆业山之神”。

方泽坛、地祇坛陈设。

96

鎏金象首足提熏炉

Gilding Incense Burner with Elephant Head Feet

清（1644~1911年）

口径16.5、通高69.5厘米（含提链）

天坛公园藏

鎏金。形圆，平口折沿，收腹，平底。炉身镂海水江崖云龙纹，三如意耳衔三链环，索链与提叶相连，提叶饰三蝠拱璧纹，顶有提环，用以拴提杆。炉盖子口，饰夔凤纹，顶镂空八卦纹，中饰卷云旋花纽。三足象首凸起。

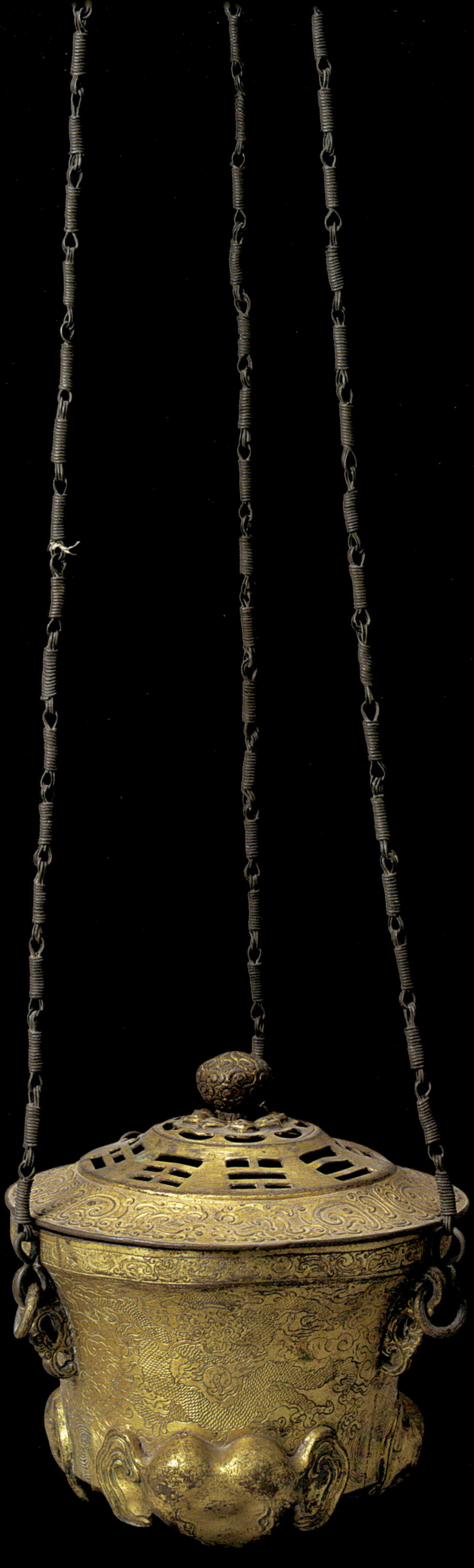

97

珐琅『畅观楼』匾额

Enamal Plaque of "Changguanlou" Hall

清晚期

长 133、宽 83、厚 0.6 厘米

北京动物园藏

铜胎质元宝形，铜掐丝珐琅工艺制作。匾额边缘为双龙戏珠纹饰，龙身矫健有力，二龙首与火珠盘旋匾额上部，为镂空工艺；匾额下部为海水江崖纹饰，更显华丽。以蓝色为地，鎏金楷书“畅观楼”三字，字体浑厚，据史料记载为慈禧太后所定。匾额整体造型别致，色彩华丽，工艺精湛，具有浓郁的皇家气息。

畅观楼位于北京动物园西北部，建成于光绪三十四年（1908 年）初，是清朝后期具有独特风格的皇室郊外行宫，整体建筑风格为欧洲复古式，在中式园林环境映衬中益显得高大神秘，楼为七楹两层，整个墙体为清水墙，土红色墙体，有 75 厘米高的基座，为灰色砖砌筑。1908 年该楼建成后，慈禧、光绪曾两度前来休憩。民国时期为孙中山等革命派领导人重要活动场所，现为北京动物园园史陈列展馆。

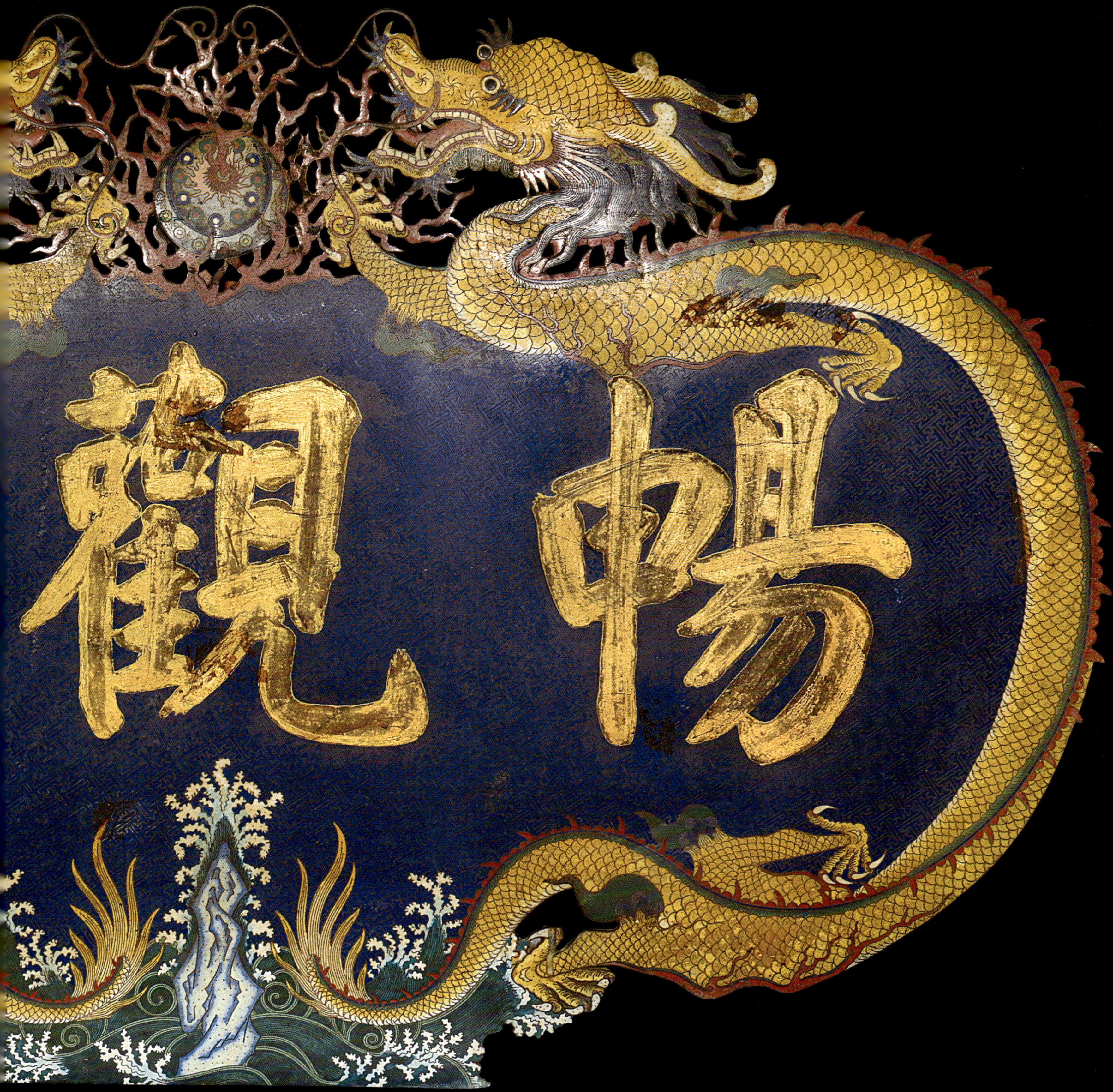
暢觀

香飘禾黍露华浮，
悦目长河耐进舟。
——清·弘历《舟泛长河杂咏 其一》

98

硬木双凤花果纹穿衣镜

Hard Wood Dressing Mirror With Double Phoenix and Flowers and Fruits Designs

清（1644~1911年）

整体：宽85、高195厘米

底座：长85、宽40厘米

紫竹院公园藏

硬木制。由顶部、镜心和底座三部分组成，镜心居中，用边抹作大框，玻璃镜面镶嵌其中；镜框两边有瓶式立柱从上至下贯穿至底座，上部为弧形凸起，浅浮雕双凤戏珠纹，底座作简化抱鼓墩状，两边有弧形凸起的站牙支撑，立柱间上下施横枨，中间装绦环板，上雕刻有石榴、牡丹和葡萄，象征富贵吉祥、多子多福。下横枨底部装披水牙子，上饰灵芝、松树、花卉纹。此器造型古朴庄重，雕工精美，尽显皇家风范。

第三单元 SECTION THREE

三山五园 移天缩地

SUBURBAN HILLS AND GARDENS REPRESENTING CULMINATION IN GARDENING ART

“三山五园”是北京西北郊以畅春园、圆明园、香山静宜园、玉泉山静明园、万寿山清漪园（后为颐和园）五座大型园林为代表的清代皇家园林集群，它们依托天然山水之形胜，荟萃南北中外风景建筑之精华，融政治、文化、宗教、水利、军事、外交等功能于一体，是中国数千年造园艺术的高峰。

The Three Hills and Five Gardens is a large ensemble of imperial gardens built in the Qing Dynasty in the northwest suburb of Beijing. The Three Hills refer to the Fragrant Hills, the Jade Spring Hill and the Longevity Hill; the Five Gardens refer to Changchun Garden, Yuanmingyuan, Jingyi Garden, Jingming Garden and the Summer Palace. With functions in politics, culture, religion, water conservancy, the military and diplomacy, they feature natural terrains and waterways and combine influences of both Chinese and foreign architectural styles, representing a peak in China's gardening art.

『畅春园在大河庄之北，缭垣一千六十丈有奇（《畅春园册》）。臣等谨按：畅春园本前明戚畹武清侯李伟别墅，圣祖仁皇帝因故址改建，爰锡嘉名。皇上祗奉慈宁，问安承豫，每于此停憩。因在圆明园之南，亦名前园云。』

——清《日下旧闻考》卷七六

『臣等谨按静明园在玉泉山之阳，园西山势窈深，灵源浚发，奇征趵突，是为玉泉。山麓旧传有金章宗芙蓉殿，址无考，惟华严、吕公诸洞尚存。康熙年间创建是园，我皇上几余临憩，略加修葺。园内景凡十六，谨依御制十六景诗次序，条列于后。……臣等谨按：玉泉之水流绕乐景阁前后汇为湖，其流一曲西南水城关出，一曲东宫门前南闸出，同入高水湖，又自北闸会裂帛湖诸水，经小东门外，东汇于昆明湖。静明园南宫门西南为影湖楼（《静明园册》）。臣等谨按：影湖楼在高水湖中，东南为养水湖，俱蓄水以溉稻田。复于堤东建一空闸，泄玉泉诸水流为金河，与昆明湖同入长河……小东门外长堤石桥上建石坊二，迤东为界湖楼（《静明园册》）。臣等谨按：石桥东坊额曰湖山罨画，曰云霞舒卷，西坊额曰烟柳春佳，曰兰渚苹香。桥下水北注玉河，沿河皆稻田，又北为石道，迤逦至青龙桥，即达清漪园之辇道也。』

——清《日下旧闻考》卷八五

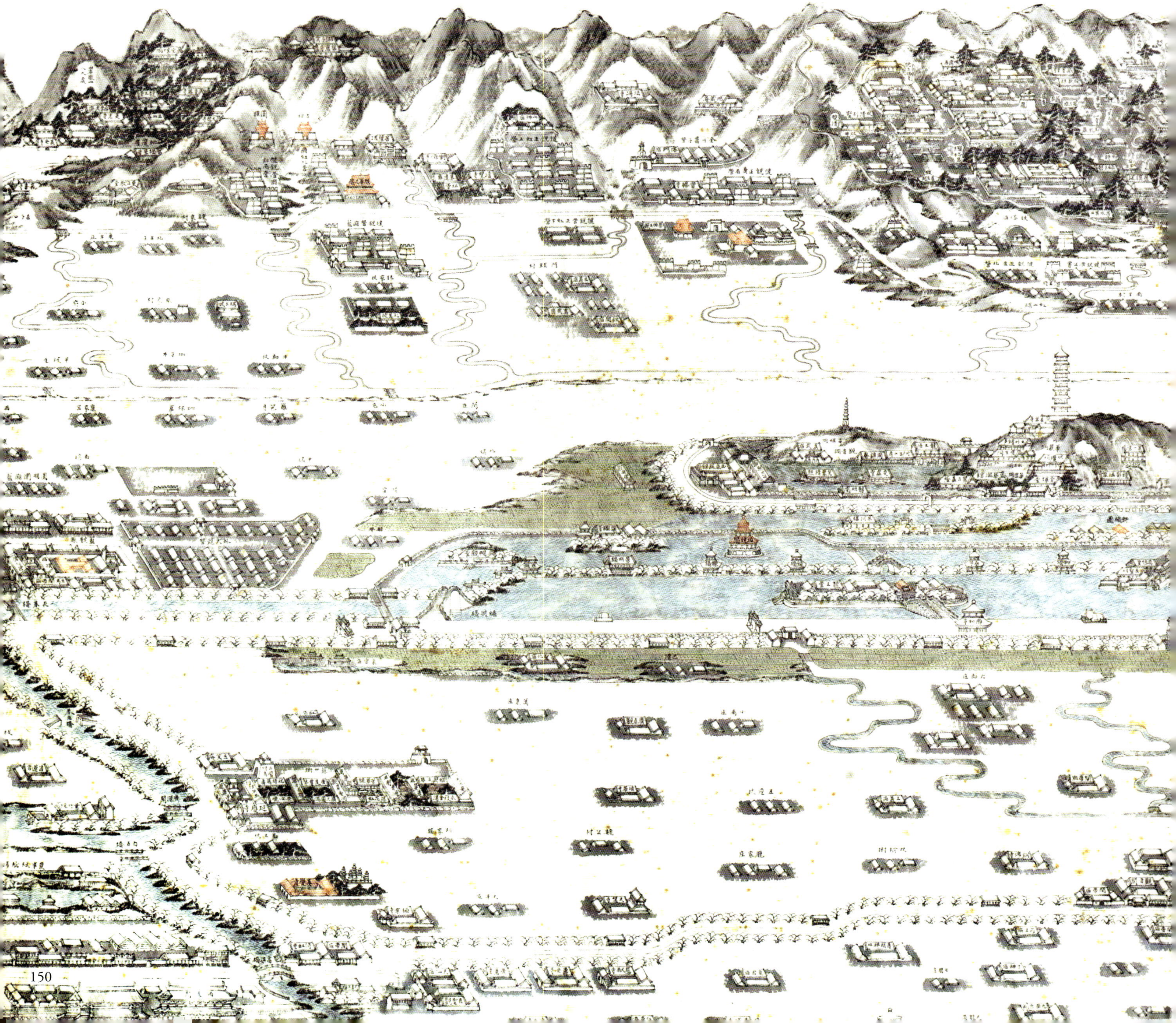

谁道江南风景佳，
移天缩地在君怀。
——清・王闿运《圆明园词》

清代时，帝后御舟以颐和园昆明湖为中心，西北从玉带桥可达玉泉山静明园，东南从绣漪桥直通西直门倚虹堂。长河——昆明湖——玉河一线，成为连接北京城与西郊诸名胜的皇家水上航线，沿岸有乐善园、紫竹院行宫等皇家园林。

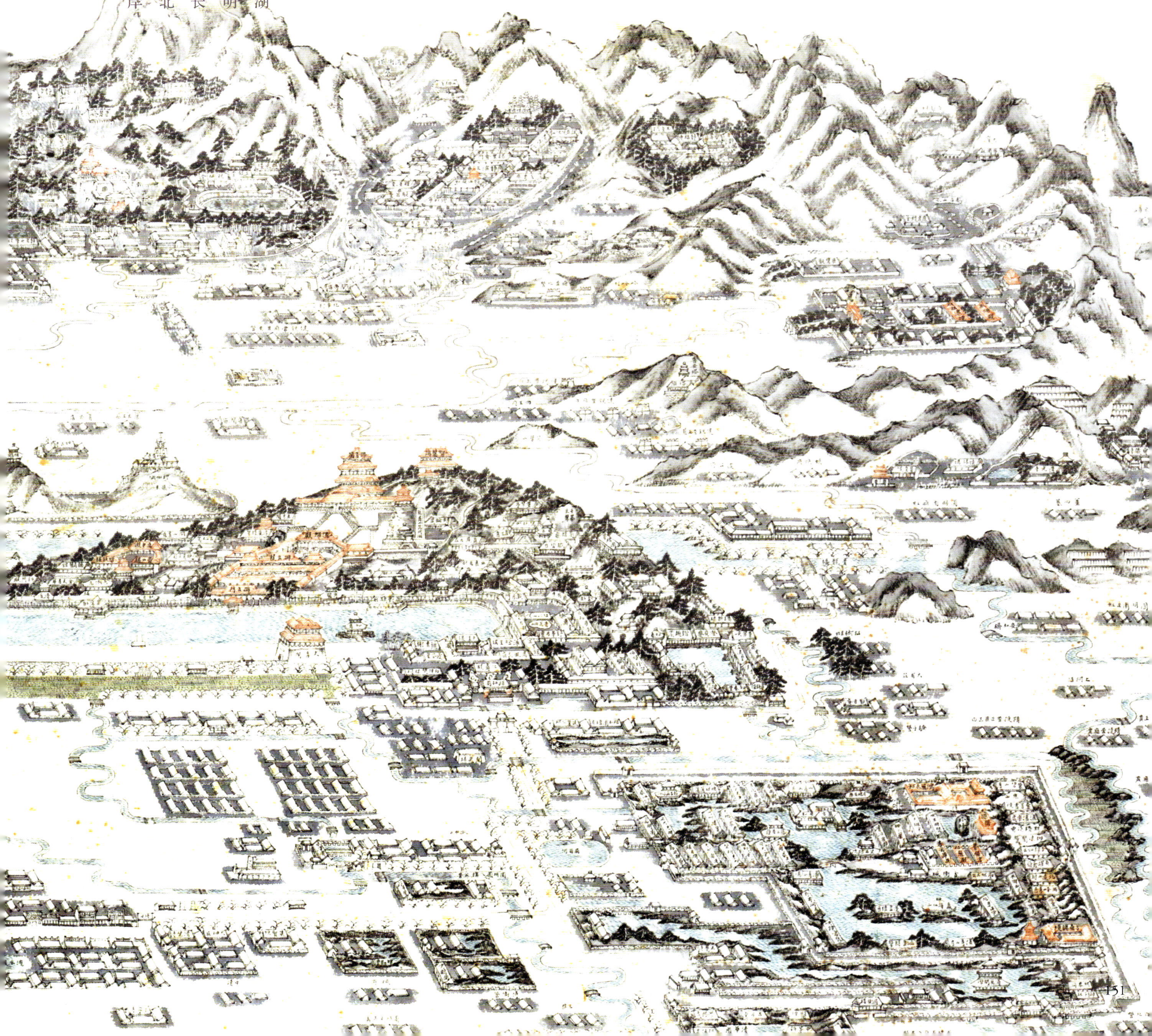

99

京郊西山名胜图

Painting of the Western Mountains in the Suburb of Beijing

清（1644~1911年）

纵95、横176厘米

颐和园藏

此图采用古代舆图的绘制手法，描绘了京郊西山地区中的三山五园、皇家宫苑、寺庙、清代外三营（圆明园护军营、香山健锐营和蓝靛厂外火器营）等建筑及山峦、林木、村舍、道路、桥梁、河湖等沿途景观。以长河连接西郊与城内，长河源于西山诸泉，昆明湖水出颐和园绣漪桥后，流入长河，经海淀长春桥、麦庄桥、广源闸、白石桥、高梁桥等桥闸后，流经西直门护城河，进入积水潭。长河作为清代北京城内的御用河道，是帝后赴西郊各行宫御苑乘船行舟的必经水道。画面上部重峦叠嶂，香山静宜园、护卫健锐营位于西北部，山间寺庙道观众多，掩映于连绵起伏、林木葱郁的山峦之中。画面中部描绘了万寿山颐和园和玉泉山静明园，下部绘制圆明园、清华园、承泽园、紫竹院等皇家苑囿行宫、道观、寺庙、村庄、圆明园护卫营、蓝靛厂外火器营等建筑。整幅作品笔法细腻，疏放有度，虚实相间，各个建筑景观用正楷标出名称，稻田、河流和重点建筑皆设色加以区分，图中所描绘内容蕴含丰富的历史、地理和建筑信息，对北京西郊园林、水系、历史文化等方面研究有着重要的参考价值。

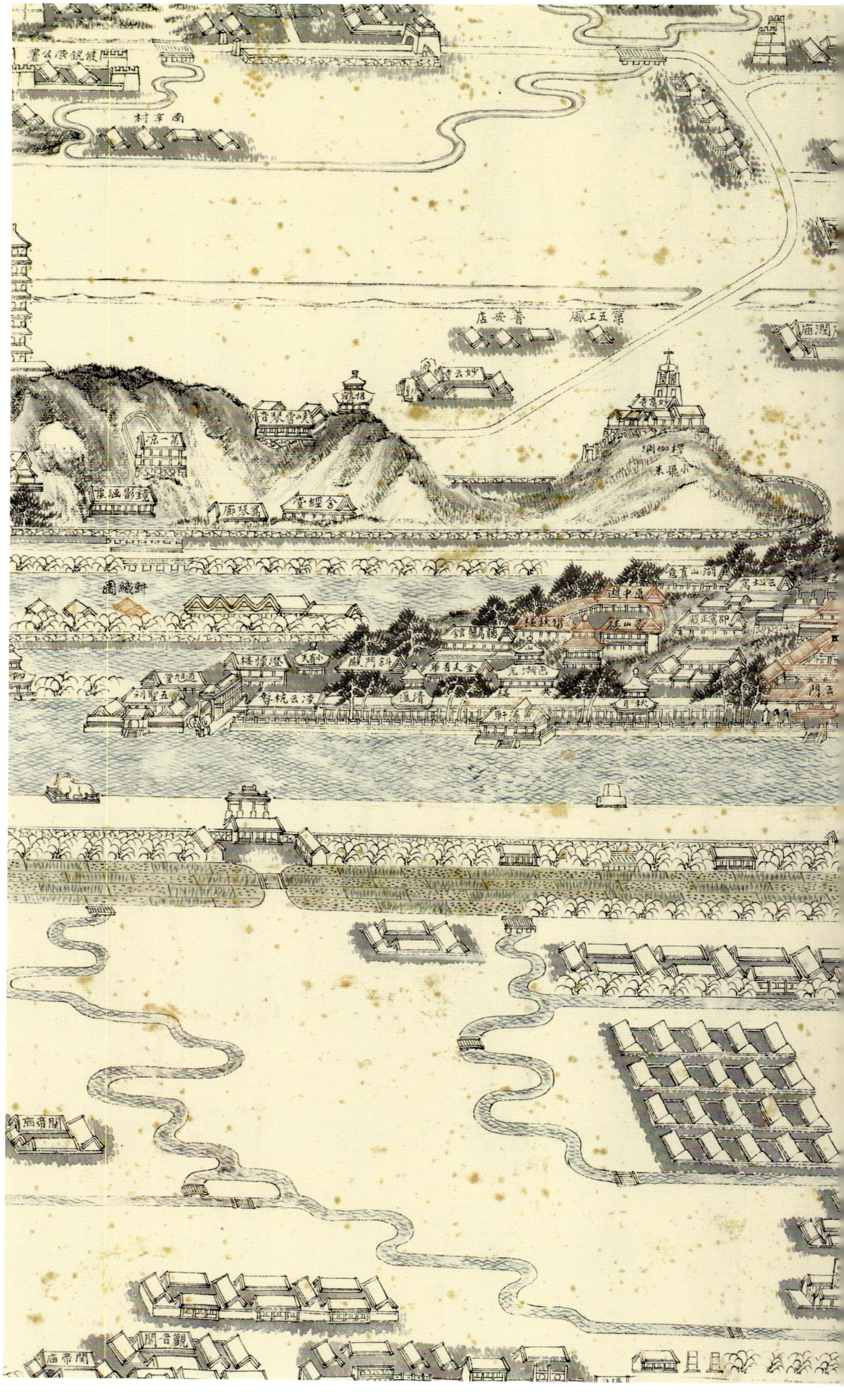

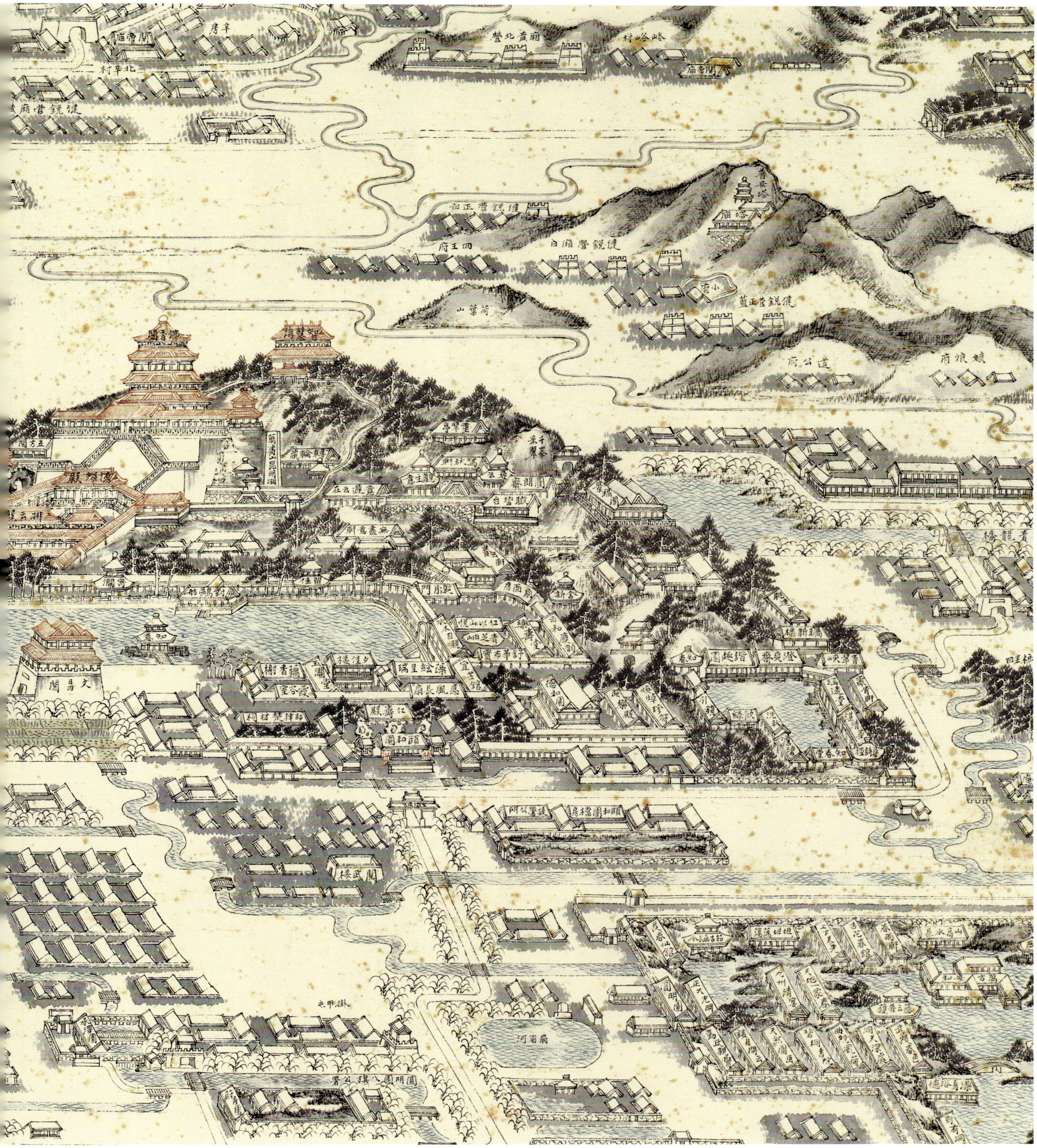

關帝廟
北辛村
四王府
健鋭營正白
荷葉山
道公府
娘娘府
佛香閣
智慧海
五方閣
轉輪藏
重翠亭
萬壽山昆明湖
德輝殿
排云殿
意遲云在
無盡意軒
對鷗舫
知春亭
文昌閣
夕佳樓
藕香榭
樂壽堂
德和園
仁壽殿
頤和園
掛甲屯
正大光明

『清漪园建于万寿山之麓，在圆明园西二里许，前为昆明湖（《清漪园册》）。臣等谨按：孙承泽《春明梦余录》载，瓮山在玉泉山之旁，西湖当其前，金山拱其后，明时旧有圆静寺，后废。今上乾隆十五年，于其地建大报恩延寿寺，命名万寿山。并疏导玉泉诸派，汇于西湖，易名曰昆明湖。设战船，仿福建广东巡洋之制，命闽省千把教演。自后每逢伏日，香山健锐营弁兵于湖内按期水操。若其经流，则自绣漪桥南入长河，引流入京城，绕紫禁城而出，归通惠河通济漕渠，灌溉田亩，实万世永赖之利也。皇上御题额曰清漪园，有御制昆明湖记、清漪园记，恭载卷内。宫门五楹东向，门外南北朝房。驾两石梁，下为溪河，左右罩门内有内朝房，亦南北向，内为勤政殿七楹（《清漪园册》）。』

——清《日下旧闻考》卷八四

100

兽面纹三牺尊

Bronze *Zun* Vessel with Beast Mask Designs and three Bull Heads

商（约公元前16~前11世纪）

口径54、腹径39.5、高63厘米

颐和园藏

青铜质地，属大敞口有肩三段式尊。敞口，颈内收，广肩，鼓腹，圈足。肩部底纹饰云雷纹、兽面纹及三道突出扉棱，并铸有三尊牛角兽面立体浮雕。腹部主饰大面积兽面纹和扉棱。圈足上带有“十”字孔,饰弦纹、兽面纹。此器敦厚，通体绿锈，纹饰庄肃而神秘，是颐和园藏文物中的精品。青铜尊作为盛酒器、礼器，始于商代早中期，盛行于商和西周。

萬字九十九號古
銅夔耳方瓶一件

颐和园藏万寿山内露天陈设添安石座图样

101

嵌松石羽纹钫

Bronze *Fang* Vessel with Feather Designs and Inlaid Turquoise

战国（公元前475~前221年）

口径14.7、腹径27.7、高50厘米

颐和园藏

青铜质地，器形规整，呈四方形。方口，束颈，鼓腹，圈足。肩部两侧饰兽面铺首环耳，腹部用羽纹作为底纹，其上饰以圆环连接的菱格纹。整器敦厚大气，制作精细工整，线条流畅柔顺，纹饰典雅华丽。钫，又称“方壶”，约始见于战国中期，通行于西汉，西汉时自命为“钫”。

102

汉白玉雕海水云鹤纹露陈石座

White Marble Outdoor Seat with Sea Wave, Cranes in Clouds

清光绪（1875~1908年）

边长38、高102厘米

颐和园藏

汉白玉质，顶部与底部平面均呈方形，为清宫造办处根据样式雷图样所制。露陈石座雕工精湛，回纹饰底，主体则以海浪纹衬对边鹤鸟图，顶边饰仰莲纹及如意纹，整体雕刻风格磅礴大气又不失惟妙精细，是不可多得的石质露陈文物精品。该露陈石座原置于颐和园永寿斋院落。

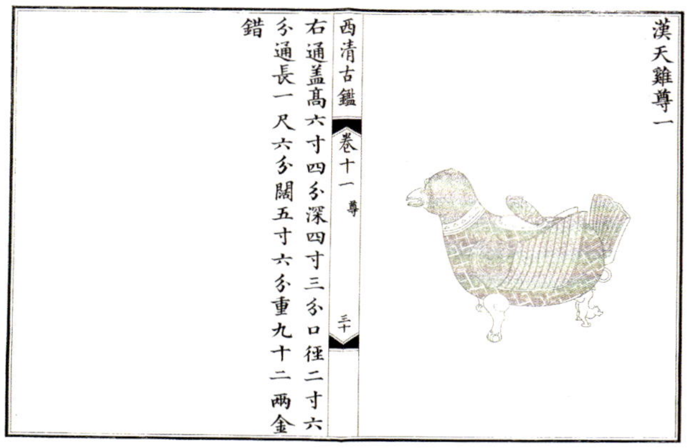
漢天雞尊一

西清古鑑 卷十一 尊 三十

右通蓋高六寸四分深四寸三分口徑二寸六分通長一尺六分闊五寸六分重九十二兩金錯

《西清古鉴》卷一一 汉天鷄尊

103

错金鸟尊

Bronze Bird-shaped *Zun* Vessel with Inlaid Gold Designs

战国至西汉（公元前 475~ 公元 8 年）

长 33.8、宽 18、高 25.3 厘米

颐和园藏

青铜质地。鸟尊呈直立状，立耳，圆睛，长喙，圆腹，翘尾，神鸟形双翅，背有绞蛇纹活盖，两前足呈兽足状，后足为一倒立状小兽，尾后有一环状系；鸟首、足等处装饰鳞纹，腹身饰有云雷纹，翅尾饰羽纹；眼、颈等处有错金装饰。鸟是西周时期流行的肖形装饰之一。此鸟形尊体态丰盈，神情肃穆，以多种纹饰表现出不同的体貌特征，线条刻画曲直相称，动静结合，使器物更显逼真、生动。整器纹饰华丽，工艺精湛，更有神秘莫测之感。

104

青白釉暗刻凤纹玉壶春瓶

White Glazed Chunping Vase with Incised Phoenix Designs

元（1271~1368年）

口径9.4，底径9.6，高30.2厘米

颐和园藏

撇口，细颈，溜肩，垂腹，圈足微撇。通体饰白釉，颈部饰有弦纹，腹部刻划凤纹，间隙中饰云朵，腹下刻莲瓣纹。整体线条刻划流畅，技法娴熟，形象生动。此器釉色白中微微泛有淡青色，色泽不如典型卵白釉瓷器凝重浑厚，但比常见青白釉瓷器釉色纯正，应为元代晚期青白釉向卵白釉过渡时期制品。

105

青花缠枝蕃莲瓜果纹梅瓶

Blue-and-white *Meiping* Vase Twined Branches of Passion Flowers

明永乐（1403~1424 年）

口径 5.5、底径 12、高 32 厘米

颐和园藏

小口圆唇，短颈丰肩，腹部收敛至底足处略侈，浅圈足，细沙底。通体纹饰分为三层，肩部绘蜜桃、石榴、荔枝、枇杷四季瓜果，腹部绘缠枝蕃莲纹，近足处绘折枝牡丹纹，期间以双弦纹分隔。此器青花色彩浓艳，纹饰疏朗秀丽，内容丰富，主题突出，详略得当，笔意自然，造型饱满、挺拔、庄重，充分体现了永乐时期立件瓷器秀美的时代风格，是永乐青花代表之作。

106

青花釉里红海水云龙纹缸

Blue-and-white with Copper Red Color Urn with Sea Wave, Cloud and Dragon Designs

清康熙（1662~1722年）

口径40、底径34、高33厘米

颐和园藏

敛口，丰肩，收腹，圈足。缸身以青花与釉里红两种彩料分绘海水云龙纹，描绘技法以线绘为主，画工精细。龙纹以釉里红为主，身形呈站立式，姿态张牙舞爪，凶猛异常，富于动感。釉里红发色鲜艳纯正，略泛绿斑。器身用青花料绘以龙睛、山石、云朵、海水江崖。此件瓷器将釉里红的主纹饰和青花的辅纹饰相结合，巧妙自然，主次分明。

107

灰蓝釉出筋橄榄尊

Gray-blue Glazed Olive Shaped *Zun* Vessel

清雍正（1723~1735年）

口径13.5，底径13.7，高38.2厘米

颐和园藏

直口微撇，短颈，鼓腹，束胫，撇足，器身有凸棱出筋。足底露胎，可见螺旋弦纹，浅圈足。器身外通体施青灰釉，釉色偏蓝，釉面薄厚不均，玻璃质感强，局部釉下有开片现象。口内施白釉，釉面匀净。

108

粉彩夔凤穿花纹蝶耳尊

Famille Rose Handled *Zun* Vessel with Dragon, Phoenix and Flowers Designs

清乾隆（1736~1795 年）

口径 9.8、底径 11、高 27 厘米

颐和园藏

撇口，短颈，丰肩，鼓腹，圈足。器身先以青花代替蓝彩绘出部分折枝卷草等纹饰，而后再用粉彩绘夔凤穿花纹。其中所绘折枝花卉，带有明显的西洋巴洛克式风格。肩部对称塑蝶形衔环铺首式双耳，器底以青花书写“大清乾隆年制”六字篆书款。此尊造型优美，纹饰繁缛，色彩华丽，显示出乾隆晚期瓷器典型的奢华和绮艳之风尚。

109

紫地粉彩庆寿图垂云瓶

Famille Rose Vase with Birthday Party Scene

清嘉庆（1796~1820年）

口径9.5、底径10.5、高31厘米

颐和园藏

瓶口呈反卷如意式，细直颈，溜肩，鼓腹，圈足。口沿描金彩，卷口绘如意云头纹，颈部紫色地上绘西洋缠枝花，腹部留白，以粉彩绘制八仙庆寿图，人物描绘细致，寓意福寿吉庆。底部施松石绿釉，中央留白，红彩书“大清嘉庆年制”六字篆书款识。

式经誥

110

紫檀嵌珐琅云龙纹七屏式罗汉床

Rosewood Seven-screens Bed with Inlaid Enamel Cloud, Dragons Designs

清（1644~1911 年）

长 296.5，宽 143.5，高 246 厘米

颐和园藏

紫檀木制。罗汉床上围呈七屏风式，芯板各自雕云纹，并嵌龙纹及海水江崖纹珐琅饰件。床面由三个攒框装芯的活拿床板组成，束腰嵌铜饰，托腮肥厚，雕莲瓣纹，牙板洼堂肚，雕兽面纹，鼓腿内翻马蹄。整床装饰繁缛，工艺复杂，雕工精湛，极具皇家气派。

111

红木团寿龙纹有束腰炕桌

Rosewood Short Leg Table with Dragon and the Chinese Character "Shou" Design

清（1644~1911年）

长120、宽69、高32.5厘米

颐和园藏

红木制。面板攒框装芯，冰盘沿下束腰打洼。牙板镂空雕云龙福寿纹。下接三弯腿，足雕兽爪踩宝珠。此类炕桌在清代宫廷陈设中属于常用家具，但此件炕桌尺寸与罗汉床对应，体量在同类中可谓硕大。

112

红木双龙捧珠纹有束腰脚踏（一对）

Rosewood Pedal with Double Dragon Holding A Bead Design (2)

清（1644~1911年）

长69.5、宽34、高17.5厘米

颐和园藏

红木制。面板攒框装芯，冰盘沿下束腰打洼。牙板做洼堂肚，雕双龙捧寿纹，鼓腿内翻马蹄，上雕兽面纹，足饰回纹。此脚踏造型厚重，用料大气，是晚清时期宫廷所常用的陈设家具。

113

掐丝珐琅云龙纹亭式香筒（一对）

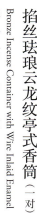

Bronze Incense Container with Wire Inlaid Enamel Cloud and Dragon Designs (2)

清（1644~1911年）

直径26、高103厘米

颐和园藏

此香筒由三个部分组成，上部为亭式顶盖，盖可分离，内放檀香木，以铃铛、凤首加以装饰；中部为珐琅圆筒，镂雕云纹、盘龙；下部为须弥式底座。香筒成对摆放，置于宝座前左右两侧，点燃后，烟从孔中冒出，群臣可闻到香气，有皇恩浩荡、垂及万民之意。

114

掐丝珐琅鹤灯（一对）

Wire Inlaid Enamel Crane Shaped Bronze Lamp (2)

清（1644~1911年）

长60、宽50、高188厘米

颐和园藏

珐琅制。仙鹤体态婀娜，曲颈，尖嘴，口衔荷叶形烛台，立于福山之上。福山上装饰灵芝，下置六方须弥台座。

無量壽尊佛

115

缂丝无量寿尊佛像图轴

Kesi Silk Tapestry with Image of Buddha of Immeasurable Life

清乾隆（1736~1795年）

通长740、通宽450厘米

颐和园藏

清乾隆年间缂丝制品。此件作品尺幅巨大，极为难得。缂丝佛像最上面正中题名“无量寿尊佛”。下面饰有日、月、祥云。左月右日，中间饰一朵蝙蝠状的祥云。主体图案分为四层：第一层为身着彩衣的飞天，手捧供果，分列华盖两边。第二层为画面的主体，端坐在须弥莲花座上的“三世佛”。最中间为象征现在的释迦牟尼佛，其左侧为未来佛弥勒佛，右侧为过去佛燃灯佛。释迦佛下方两侧侍立迦叶、阿难二位侍者。第三层为四大天王和十八罗汉，人数左右平分，中间有一盆装番莲。最下面为如意状祥云。图像四周用回纹边装饰。画面钤印：乾隆御览之宝、意静妙堪会、契理在寸心、如是观、欢喜园。

116

《大藏经》『何』字函

The Box "He" of Tripitaka

明万历四年（1576年）

单本：长36.1，宽12.9厘米

北京植物园藏

此经函为永乐版《大藏经》的复刻本。永乐版本以朱红色印行，而万历版本改黑色印行。《中国佛教》载："万历三十三年（1605年），又翻刻永乐版蕃本，以黑字印行，称为万历版。"此版本早在明万历二十二年（1594年）即开始雕刻，刻前又加入42帙续添藏，并由第六世噶玛巴红帽系活佛曲吉旺秋进行校订，至万历三十三年（1605年）方刻印完。

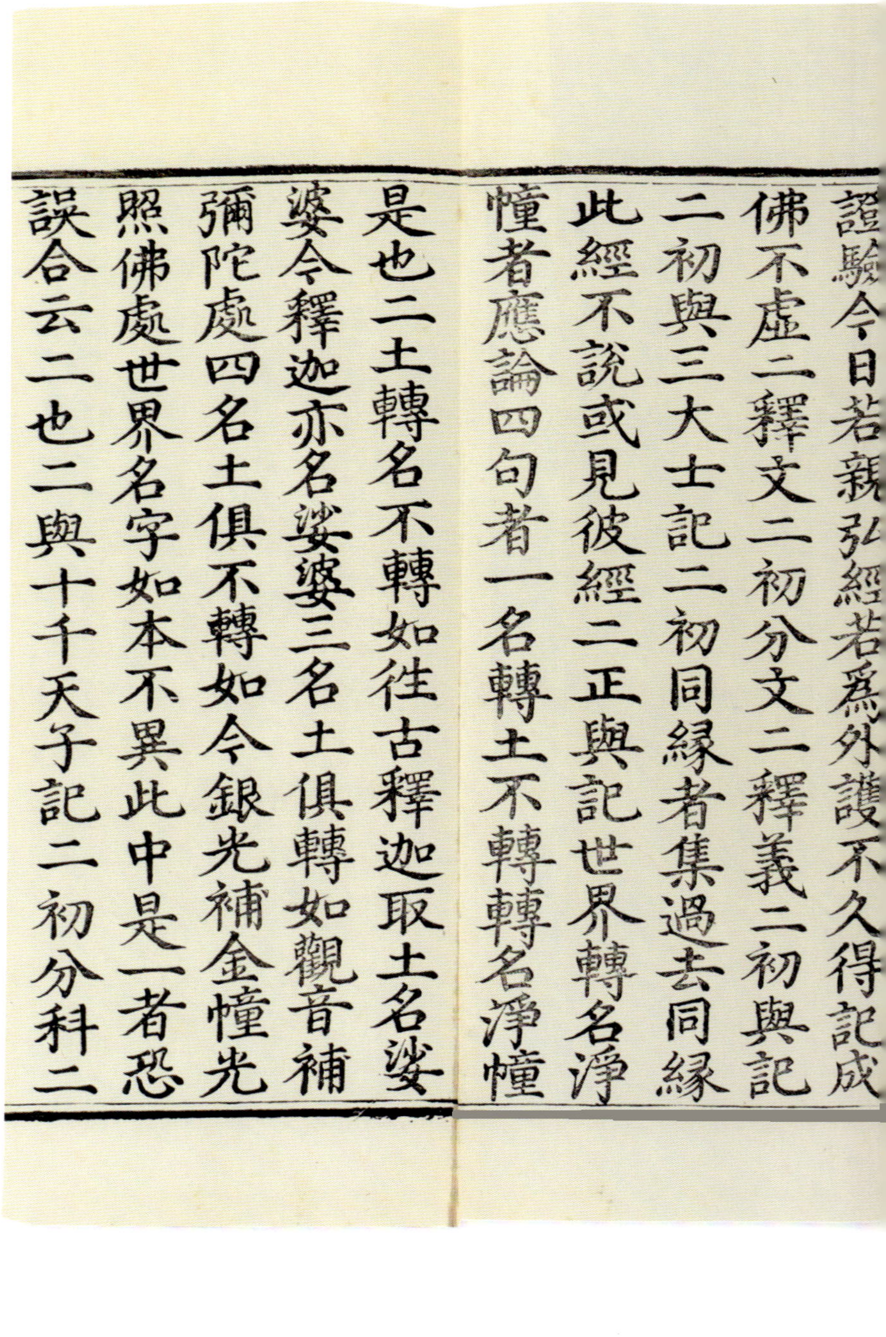
證驗今日若親弘經若爲外護不久得記成
佛不虛二釋文二初分文二釋義二初與記
二初與三大士記二初同緣者集過去同緣
此經不說或見彼經二正與記世界轉名淨
幢者應論四句者一名轉土不轉轉名淨幢
是也二土轉名不轉如往古釋迦取土名娑
婆今釋迦亦名娑婆三名土俱轉如觀音補
彌陀處四名土俱不轉如今銀光補金幢光
照佛處世界名字如本不異此中是一者恐
誤合云二也二與十千天子記二初分科二

卧佛寺位于北京植物园内，始建于唐代，当时称为兜率寺，因寺内供奉卧佛而得名。之后，历代进行修建，寺名也随之变化。至清代，雍正十二年世宗皇帝赐名为十方普觉寺，乾隆时期形成现在规整的建筑格局，寺院内设五间藏经楼。2001 年，列入全国重点文物保护单位。

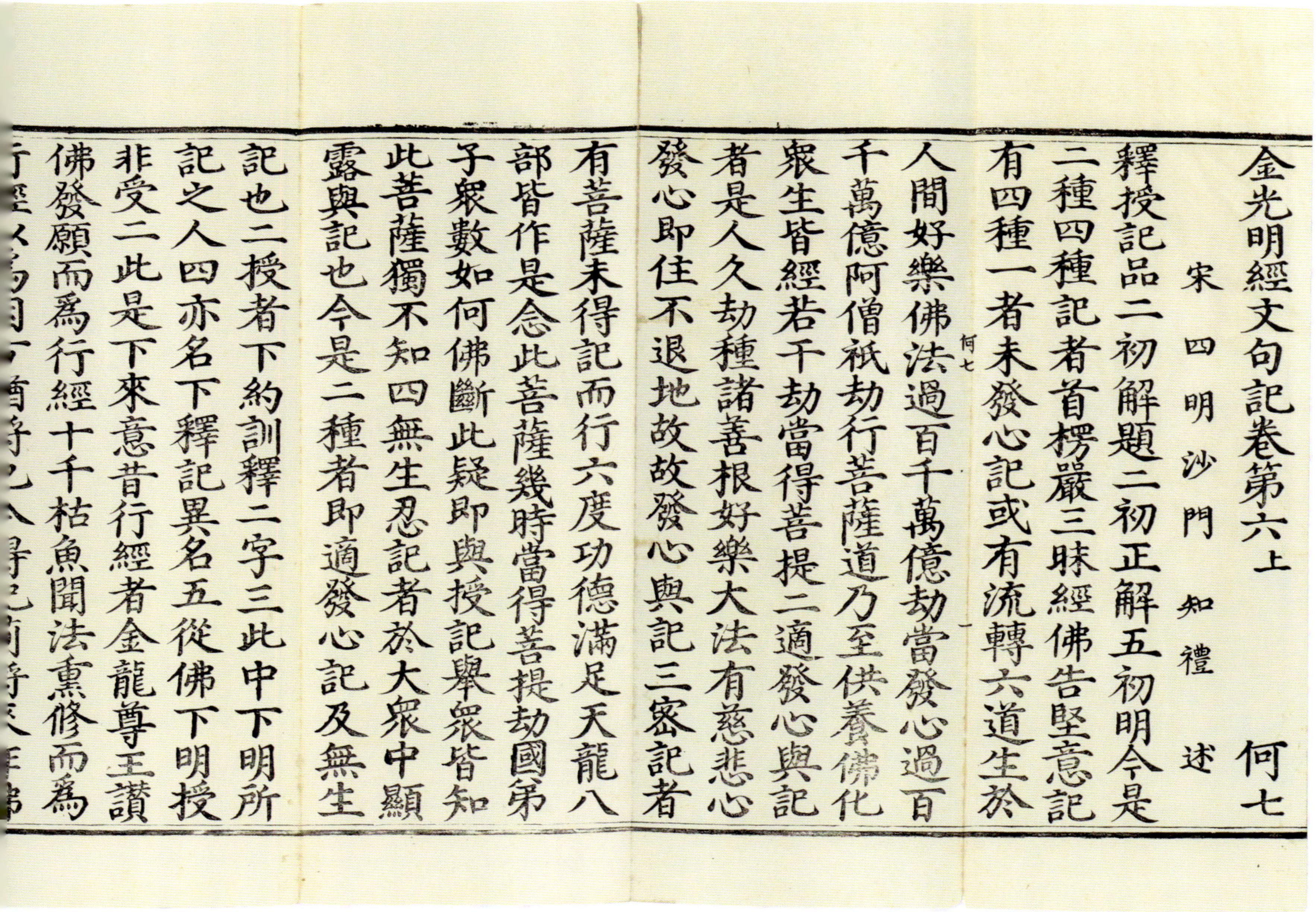

金光明經文句記卷第六上　何七

宋四明沙門知禮述

釋授記品二初解題二初正解五初明今是二種四種記者首楞嚴三昧經佛告堅意記有四種一者未發心記或有流轉六道生於人間好樂佛法過百千萬億劫當發心過百千萬億阿僧祇劫行菩薩道乃至供養佛化衆生皆經若干劫當得菩提二適發心與記者是人久劫種諸善根好樂大法有慈悲心發心即住不退地故故發心與記三密記者有菩薩未得記而行六度功德滿足天龍八部皆作是念此菩薩幾時當得菩提劫國弟子衆數如何佛斷此疑即與授記舉衆皆知此菩薩獨不知四無生忍記者於大衆中顯露與記也今是二種者即適發心記及無生記也二授者下約訓釋二字三此中下明所記之人四亦名下釋記異名五從佛下明授非受二此是下來意昔行經者金龍尊王讃佛發願而為行經十千枯魚聞法熏修而為

117

《大藏经》『贞』字函

The Box "Zhen" of Tripitaka

清乾隆（1736~1795年）

单本：长37.8、宽12.8厘米

北京植物园藏

雍正十一年（1733年）至乾隆三年（1738年）内府刻本，经折装，每半页5行，行17字，上下双边。版框长27.2、宽25.7厘米。以《千字文》字序编号，始“天”终“机”，共用724字，每字一函，一函10卷（册）。为清代官刻汉文大藏经，又因经页边栏饰以龙纹而名《龙藏》，泛称《清藏》。它以明《北藏》、《南藏》为底本，又出于政治目的增入明清著名僧人语录、杂著，撤出《出三藏记集》等重要典籍。实际收录元、明、清三代高僧大师的经、律、论、杂著等共1665种。

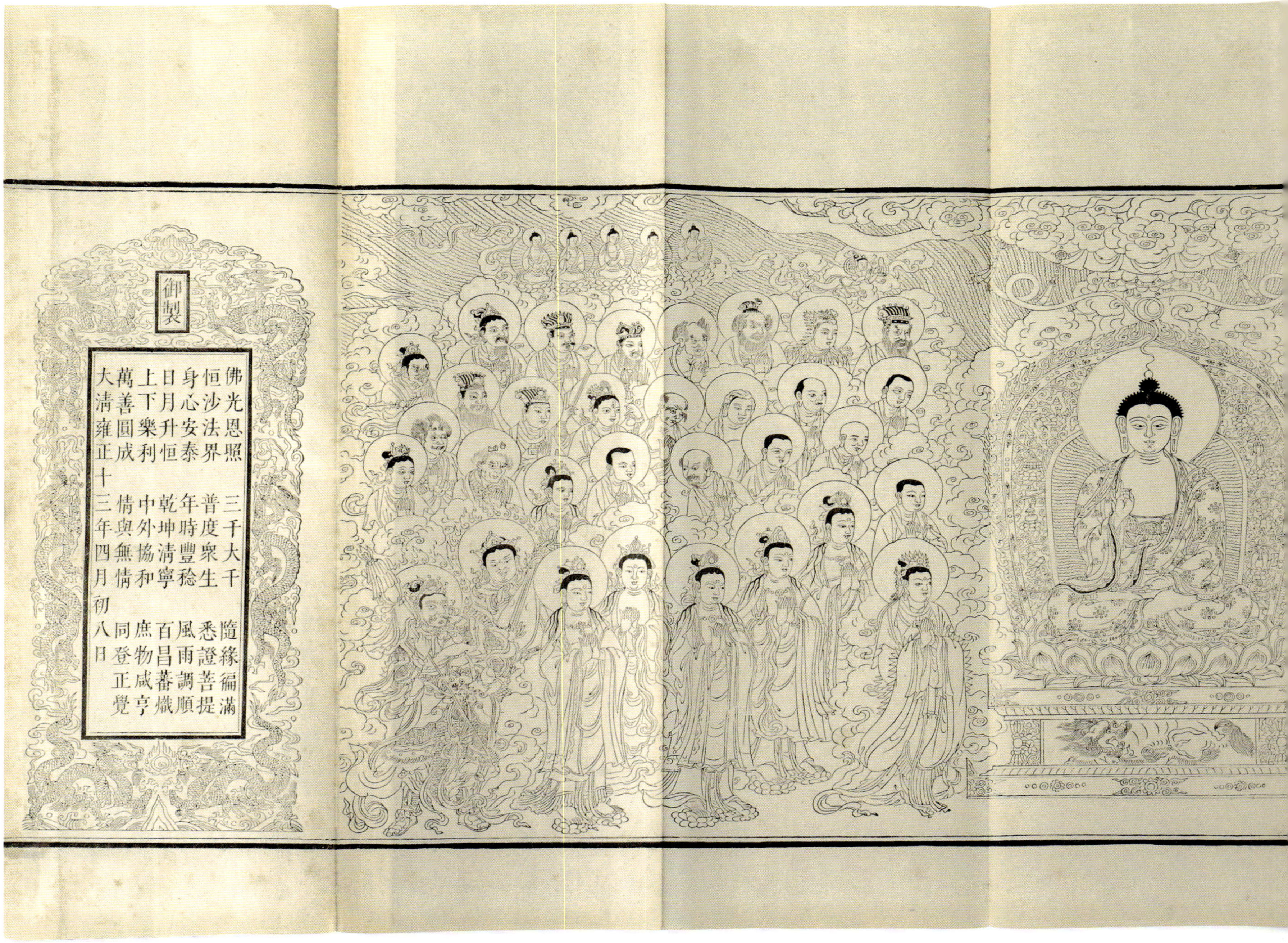

佛說觀無量壽佛經
貞一
三經同卷
三經一咒同卷
貞二
佛說彌勒成佛經
大阿彌陀經卷上
貞三
佛說第一義法勝經
大阿彌陀經卷下
貞四
佛說大威燈光仙人
一經同卷
貞五
一切法高王經

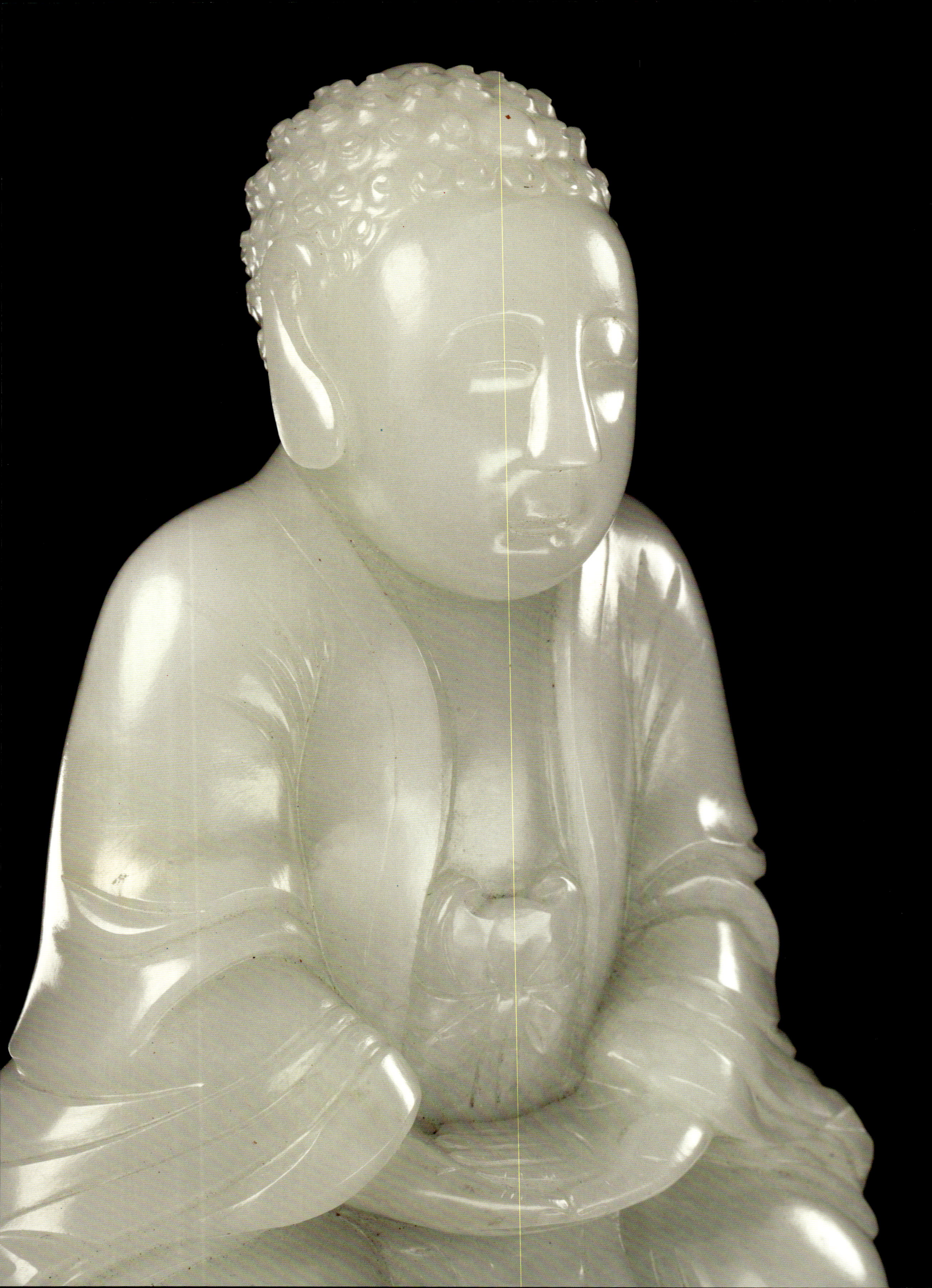

118

白玉释迦牟尼佛坐像

White Jade Seated Buddha Shakyamuni

清乾隆（1736~1795年）

长10、宽5、高15.6厘米

颐和园藏

白玉质。整玉雕琢，采用圆雕技法雕刻佛祖坐像，佛像螺发，大耳垂肩，身着袒胸袈裟，双手施禅定印，全跏趺坐姿。该器玉质莹润，造型匀称，雕工精细，抛光极佳。

青玉乾隆御题七佛钵

Dark-green Jade *Bo* Bowl with Seven Buddhas and Autograph of Emperor Qianlong

清乾隆（1736~1795年）

直径24，高14.6厘米

颐和园藏

青玉质。玉质温润，色泽淡雅。器呈圆形，口微内敛，体型厚重。据考，乾隆二十二年（1757年），帝南巡至苏州，见开元寺所供佛钵，大为赞赏，后命良工仿制成玉钵，供于宫内佛堂中。玉钵腹部浮雕一周七尊佛像，其间镌刻每尊佛的佛号、佛谒。据《长阿含经》载七佛为毗婆尸佛、尸弃佛、毗舍婆佛、拘楼孙佛、拘那含佛、迦叶佛及释迦牟尼佛。佛像均为结跏趺坐，双手叠至膝上，眼帘低垂，宝相庄严。其背光为浅浮雕，佛像为高浮雕，恰到好处的突显了纹饰的立体感。

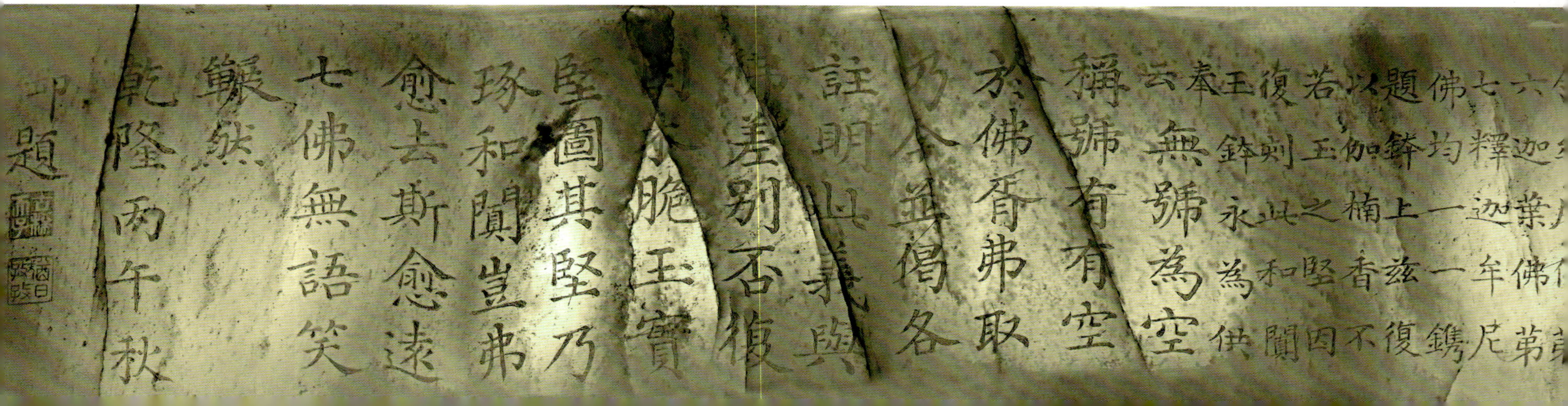

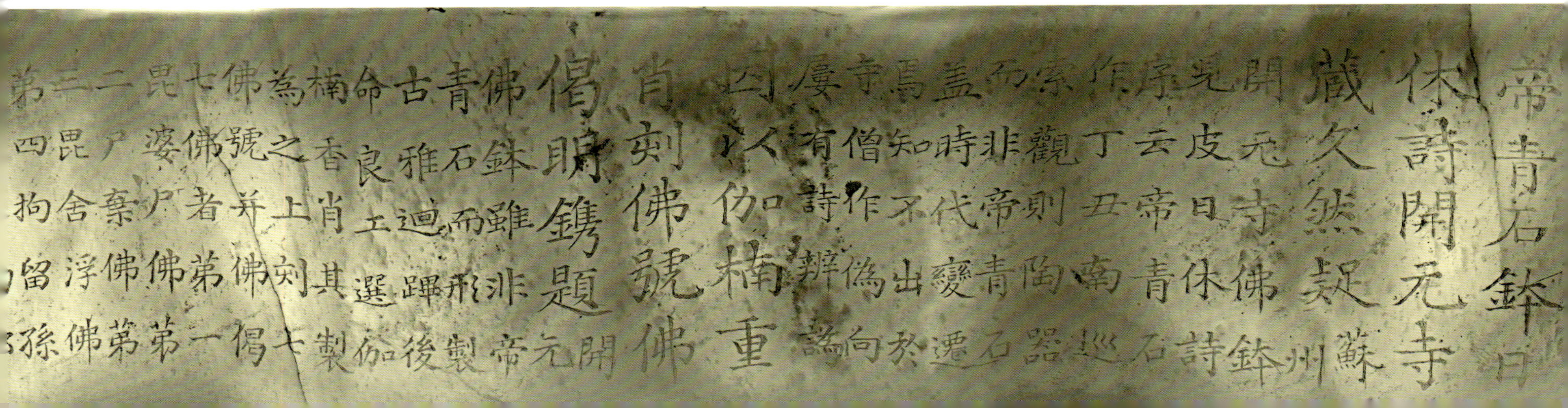

120

铜鎏金无量寿佛坐像

Gilding Bronze Seated Buddhas of Immeasurable Life

清（1644~1911年）

龛：总长38、宽14、高58厘米，

佛像：长7.5、宽5、高12厘米

颐和园藏

紫檀木雕佛龛选用了佛教中的尖拱龛，形如莲瓣，象征佛法纯洁。龛高不足1米，内供九尊鎏金铜佛造像，分别置于九个尖拱小佛龛内。龛内无量寿佛造像，分三层排列，每层各三尊，佛像全身鎏金，头戴花冠，顶结高发髻，面相慈祥，双目平直，神态沉静，身披瓔珞，有松石、珊瑚镶嵌。跏趺坐姿，双手结禅定印，神态相似，造型相同，外层的八尊佛造像掌印上捧佛教八吉祥，轮、螺、伞、盖、花、罐、鱼、长，正中佛祖手捧仙桃，桃上伏一只蝙蝠，取福寿之意。由于造像手持法器不符合造像法式，由此可推测该件藏品为清宫寿品。

121

碧玉刻乾隆御制诗文插屏

Jasper Table Screen with Inscription of Poems of Emperor Qianlong

清乾隆（1736~1795年）

长35.5、宽16、高40厘米

颐和园藏

碧玉质。玉质匀净、颜色墨绿。插屏为长方形，形制规整，开料琢磨平匀，一面琢刻隶书乾隆御制诗“东郭还西墅，山家接水村。春朝庆老幼，丰岁足鸡豚。三代遗风在，一时深意存。治民无别术，饥饱俾寒温。”琢刻字体古拙秀美，屏内四边阴刻纤细缠枝装饰；插屏另一面阴刻雕琢出房屋村舍、人物等田野农庄图案与御制诗相应。诗文字口和图案线条之内填涂金粉，使诗文、图案更为清晰鲜明，跃然而出。屏芯下配有硬木座屏。

122

『大清乾隆仿古』款青玉兽面纹方鼎

Dark-green Jade Square *Ding* Vessel with Beast Mask Designs and the Inscription "Da Qing Qian Long Fang Gu"

清乾隆（1736~1795 年）

长 22.2、宽 14.7、高 27.8 厘米

颐和园藏

青玉质，仿古青铜器造型，鼎身呈长方形，折沿，深腹，双立耳，四柱足。腹身四角及前后面出棱脊，口沿及耳侧饰回纹，器身饰兽面纹，足饰蕉叶纹。底刻“大清乾隆仿古”隶书款识。

123

白玉双凤纹六环尊

White Jade *Zun* Vessel with Six Rings and Double Phoenix Designs

清乾隆（1736~1795 年）

长 20、宽 10、高 19 厘米

颐和园藏

白玉质，该器由盖和身组成。纽顶雕四只蝙蝠，盖雕饰蕉叶纹和四个如意式系，系垂活环。尊身雕琢双凤和磬纹。凤首下坠活环。此器采用圆雕、镂雕、透雕、线刻等技法，造型精巧，玲珑雅致，琢磨精细，抛光精良。

124

白玉渔樵图山景

White Jade Fisherman and Woodman in Montains

清乾隆（1736~1795 年）

长 10，宽 5.5，高 13 厘米

颐和园藏

白玉质，局部有橘黄色玉皮。以浮雕、透雕等雕刻技法琢刻出群山、苍松、亭台，近处两渔夫正在忙于编鱼筐，远处半山腰松树下樵夫弯腰捆柴。山子依玉料随形巧雕，借用中国传统绘画中“远山近景”的技法，层次分明，人物琢刻栩栩如生。

125

青玉乾隆御题云龙纹瓮

Dark-green Jade Urn with Cloud and Dragon Designs and Inscriptions of the Poem of Emperor Qianlong

清乾隆（1736~1795年）

长55、宽41、高25厘米

颐和园藏

青玉质，局部有浅褐色玉皮。器形硕大，为一整块玉料制成，外壁浮雕海水云龙，扬爪腾身，出没于惊涛骇浪之中，动感极强。该器随料形而雕，纹饰繁密，雕工精细，气势雄浑。内底琢刻隶书乾隆皇帝诗文："云宛流兮龙见行，品诚称美制尤精。轻浮叆叇容将布，动出之而态若生。本以无形思蕴石，忽成有象拟连城。六清醴齐奚堪置，祇合尧年宝露盛。乾隆丁酉春御题"。阴刻方形篆书"乾隆宸翰"印章。

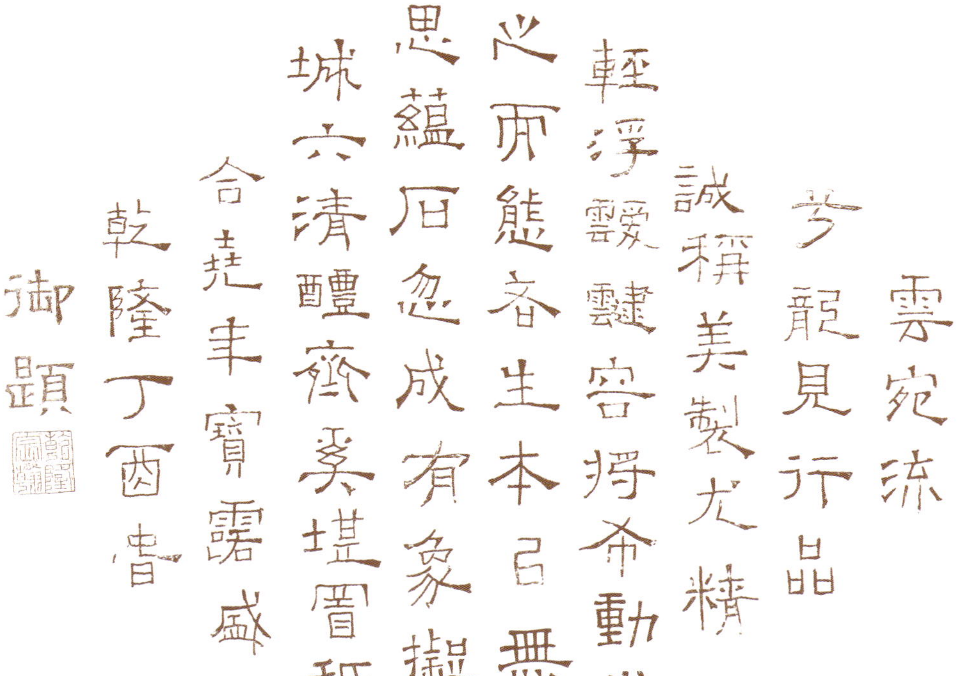

126

桦木根宝座（带托泥）

Throne Chair Made of Birch Roots (with a seat)

清（1644~1911年）

宝座：长118.5、宽92.3、高98厘米

脚踏：长93.8、宽28.5、高14.5厘米

颐和园藏

桦木根制。宝座采用树木根瘤依传统样式制造，分为靠背、扶手、牙板、腿足等几个部分，五条短足下承托泥，座面以红木为边框，内装藤席，另附有配套脚踏一件。宝座所用树根盘结扭转如虬龙，疏密有致，粗细得当，浑然天成。树根拼攒家具在选择材料时颇费心机，所耗物力超过非树根材料制作的同样器物。

127

掐丝珐琅兽面纹提梁卣

Bronze Handled *You* Vessel with Wire Inlaid Enamel Beast Mask Designs

清（1644~1911年）

长19、宽17、高31厘米

颐和园藏

珐琅质。弧形盖向上隆起，口为椭圆形，短颈，兽耳，耳部接有提梁，腹部浑圆，高圈足略向外撇，盖、颈、腹、足皆出戟。卣为盛酒器，流行于商和西周。此件展品为清代仿西周青铜器，采用掐丝珐琅工艺，整体以兽面纹装饰。

128

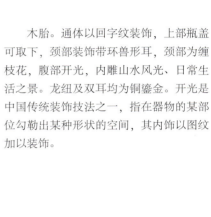

铜鎏金龙纽活环剔红锦地开光山水人物纹漆瓶

Red Lacquer Vase with Carved Landscape View and Human Figures and Gilding Copper Dragon Lip Handle and Side Rings

清（1644~1911年）

长24.6、宽13.8、高60.4厘米

颐和园藏

木胎。通体以回字纹装饰，上部瓶盖可取下，颈部装饰带环兽形耳，颈部为缠枝花，腹部开光，内雕山水风光、日常生活之景。龙纽及双耳均为铜鎏金。开光是中国传统装饰技法之一，指在器物的某部位勾勒出某种形状的空间，其内饰以图纹加以装饰。

129

竹根雕群仙乘槎摆件

Bamboo Root Carved Worthy Persons on A Boat

清（1644~1911年）

长60.3，宽16.2，高33.1厘米

颐和园藏

此摆件为竹根质。竹根随形雕成，尾部上翘，首部平直，弯曲的盘结随形雕成船的顶棚。船头有两人划桨，群贤乘坐在宝船之上，动作各异，表情丰富。此作品采用镂雕、圆雕等手法，根据材料巧妙设计、雕刻，配以海水造型的底座，展现出群贤乘船祝寿的场景。

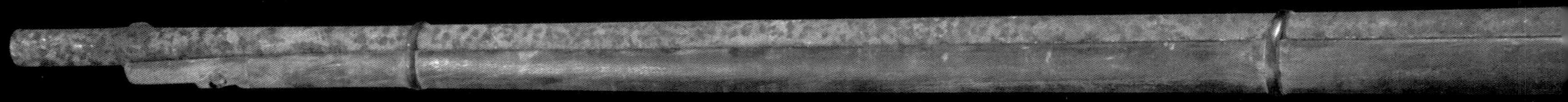

130

『静明园记』铭火铳

Blunderbuss with the Inscription "Jing Ming Yuan Ji"

清（1644~1911年）

长133.7 宽17.8 厘米

颐和园藏

此枪枪口细小，枪管较长，铁质，下方加有木托，枪托亦为木质，侧面可见“静明园记”款识。使用时先填入火药压实，再装入散子，效果类似霰弹枪。

131

铜镀金画珐琅匣式座钟

Casket Like Copper Bell with Gilding Parts and Enamel Painting

18世纪（英国）

长20.5、宽14.0、高36.5厘米

颐和园藏

此钟上部略呈三角形，前后两面绘贵妇头像，左右两侧嵌金星点圆片，背部装合页，开启可见表盘，用罗马数字进行标注，有“WILLIAMSON”及“LONDON”字样，另有香水瓶、刀、剪、夹等工具；下部呈方形，正面铜架间装嵌绘画内容不同的彩画，其绘画手法及题材富有浓郁的欧洲风情，背面双开门内有机芯。

『臣等谨按：香山名胜若来青轩、洪光寺诸处及娑罗宝树，皆昔蒙圣祖仁皇帝临幸，天章肇锡，御额亲题。我皇上清跸所临，略加葺治，敬仰前谟，恭抒宸翰。谨依御制静宜园二十八景诗次第，编载卷内。静宜园前为城关二，由城关入，东西各建坊楔，中架石桥，下为月河，度桥左右朝房各三楹，宫门五楹（《静宜园册》）。臣等谨按：静宜园额悬宫门檐端，皇上御书。』

——清《日下旧闻考》卷八六

132

香山引水石槽

Stone Groove of a Drainage Ditch

清（1644~1911年）

长160、宽55、高22.5厘米

香山公园藏

清代静宜园时期引水石渠一部分，原由下槽和上盖组成，起水道作用。

133

圆明园西洋楼汉白玉雕西番莲纹石构件

White Marble Parts with Passion Flowers Designs

清（1644~1911年）

长76、宽70、高51厘米

中国园林博物馆藏

此件汉白玉石构件为不可多得之皇家精品。清代赏石藏石之风盛行，乾隆帝对奇石、园林十分崇尚，对造园艺术也颇有见解，这一时期是明清皇家园林的鼎盛时期。（此构件原保存于苏州拙政园内，为圆明园遗物，之后，园博馆通过拍卖活动购入，置于馆内库藏。）整器造型为四方直上直下形，造型典雅大气，雕刻精湛，四面剔地起突扇形西洋番莲，保存完好，品相端庄，是清中期典型中西合璧之佳作。

『圆明园在挂甲屯之北，距畅春园里许（《圆明园册》）。臣等谨按：圆明园为世宗宪皇帝藩邸赐园，康熙四十八年所建。园额今恭悬圆明园殿者，圣祖御书。悬大宫门者，世宗御书……园内为门十八，南曰大宫门，曰左右门，曰东西夹道门，曰东西如意门，曰福园门，曰西南门，曰水闸门，曰藻园门。东曰东楼门，曰铁门，曰明春门，曰随墙门，曰蕊珠宫门。西曰随墙门。正北曰北楼门。为闸三，西南为一空进水闸，东北为五空出水闸，为一空出水闸（《圆明园册》）。臣等谨按：圆明园之水发源玉泉山，由西马厂入进水闸，支流派衍，至园内日天琳宇、柳浪闻莺诸处之响水口，水势遂分，西北高而东南低，五空出水闸在明春门北，一空出水闸在蕊珠宫北，水出苑墙经长春园出七空闸，东入清河。大宫门前辇道东西皆有湖，是为前湖（《圆明园册》）。臣等谨按：前湖西岸有石刻御制前湖诗……大宫门五楹，门前左右朝房各五楹，其后东为宗人府、内阁、吏部、礼部、兵部、都察院、理藩院、翰林院、詹事府、国子监、銮仪卫、东四旗各衙门直房，东夹道内为银库，又东北为南书房，东南为档案房。西为户部、刑部、工部、钦天监、内务府、光禄寺、通政司、大理寺、鸿胪寺、太常寺、太仆寺、御书处、上驷院、武备院、西四旗各衙门直房，西夹道之西南为造办处，又南为药房。大宫门内为出入贤良门五楹，门左右为直房，前跨石桥，度桥东西朝房各五楹，西南为茶膳房，再西为翻书房，东南为清茶房，为军机处（《圆明园册》）。臣等谨按：出入贤良门额世宗御书，是为二宫门。凡武职侍卫引见，御此门较射。左右直房为各部院臣工入直之所，东西设两罩门，各衙门奏事由东罩门递进，茶膳房太监人等由西罩门出入。门前河形如月，中驾石桥三。其水自西来，东注如意门闸口，会东园各河而出。出入贤良门内为正大光明殿七楹，东西配殿各五楹，后为寿山殿，东为洞明堂（《圆明园册》）。臣等谨按：圆明园四十景中，世宗御题四字额者凡十有四，正大光明殿其一也。余如牡丹台今为镂月开云，蓬莱洲今为蓬岛瑶台，乃乾隆九年皇上恭依避暑山庄三十六景四字题额之例，更锡嘉名，用昭画一。敬就各条下加案，并恭载御制四十景诗。至附近各景诗，已载御制诗全集者，兹不备录。』

——清《日下旧闻考》卷八〇

134

清漪园汉白玉雕夔龙纹栏板

White Marble Breast Board with Dragon Design

清乾隆（1736~1795年）

通长120、高55、厚12厘米

颐和园藏

此石栏板为清漪园绮望轩遗址遗物。汉白玉质地。四边斜棱形镂空，形制规整，栏板中部开光，两面中部均浮雕束莲纹，雕工细腻，阴柔婉约，为颐和园具有代表性的石制建筑构件。

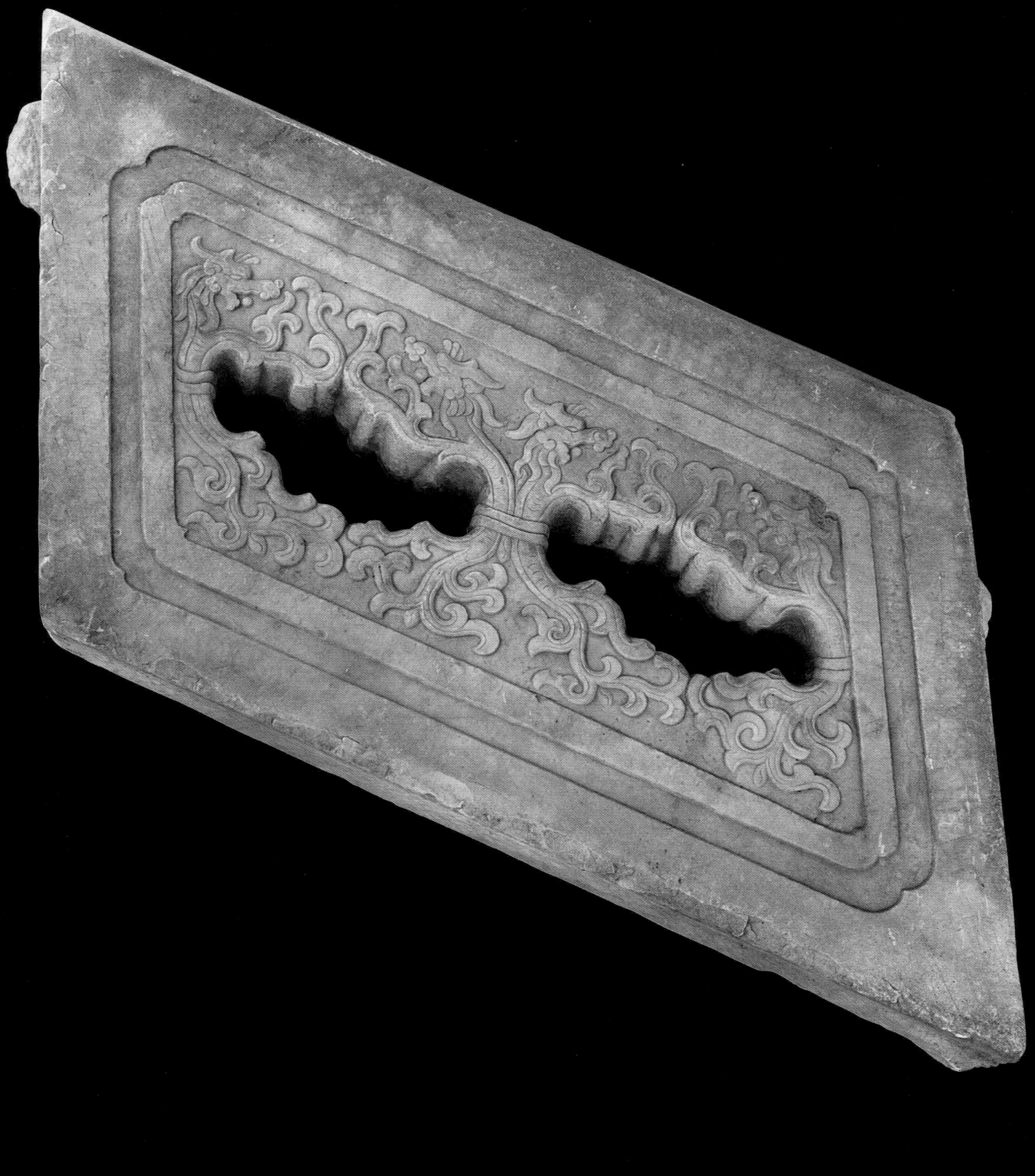

135

颐和园佛香阁图样轴

Painting of the Foxiang Pavilion in the Summer Palace by Unknown Painter

清（1644~1911年）

全幅：纵195.5、横96.2厘米

颐和园藏

此图样绘制了颐和园内云辉玉宇牌楼起至排云殿、佛香阁一线的建筑群。图中牌楼、宫门、配殿、排云殿、佛香阁沿中轴线依次排开，绘制详细，除主体建筑外还涵盖了配套的值房、造景的山石、树木等，工程的结构尺寸另附黄签标注说明。该样式雷图是研究颐和园建筑沿革以及清晚期皇家园林设计的重要史料。

136

慈禧油画像

Portrait of Queen Cixi By Hubert Vos

清光绪（1875~1908年）

纵223、横132厘米

颐和园藏

此油画像为镶嵌在中式插屏框内，由美籍荷兰裔画家华士·胡博（Hubert Vos）于1905年受清政府邀请为慈禧绘制而成。画面中慈禧端坐在宝座上，表情略带庄严，而又显得尊贵。身着黄色寿字纹的袍服，手持绘有牡丹的团扇，戴金护指套。身后为竹林画垂帘，侧后左右对称设有鸾翎宫扇、方几和果盘，盘内盛放着新鲜的苹果。在画面左下角，有竖书“华士胡博恭绘”中文及横书“Hubert Vos”外文签名。

萬
無

137

黄地粉彩描金『万寿无疆』花蝶纹盅

Yellow Glazed Cup with Famille Rose and Gold Line Flower and Butterfly Designs and Chinese Characters "Wan Shou Wu Jiang"

清光绪（1875~1908年）

口径6.5、底径2.7、高3.5厘米

颐和园藏

敞口，弧腹，圈足。胎体轻薄，胎质洁白细腻，釉面光亮匀净。内心满绘花蝶整齐排列，纹样华丽繁复；外壁通体施黄彩，四面圆形开光内红彩描“万”“寿”“无”“疆”字样，并以红蝠、仙桃、盘长、绶带相间隔，回纹作边饰。口沿及主体纹样描金，配以明黄色地，更显清代皇室尊贵奢华之气度。底红彩楷书“大清光绪年制”款。此器成套制作，在颐和园所藏中除盅外，亦可见盖碗、小碗、碗、盘等。

138

黄地粉彩描金『万寿无疆』花蝶纹小碗

Yellow Glazed Small Bowl with Famille Rose and Gold Line Flower and Butterfly Designs and Chinese Characters "Wan Shou Wu Jiang"

清光绪（1875~1908年）

口径10.6、底径4.5、高5.9厘米

颐和园藏

敞口，弧壁，圈足。胎体轻薄，胎质洁白细腻，釉面光亮匀净。内心满绘花蝶整齐排列，纹样华丽繁复。外壁通体施黄彩，四面圆形开光内红彩描“万”“寿”“无”“疆”字样，并以红蝠、仙桃、盘长、绶带相间隔，回纹作边饰。口沿及主体纹样描金，配以明黄色地，更显清代皇室尊贵奢华之气度。底红彩楷书“大清光绪年制”款。此器成套制作，在颐和园所藏中除小碗外，亦可见盅、盖碗、碗、盘等。

139

黄地粉彩描金『万寿无疆』纹盘

Yellow Glazed Plate with Famille Rose and Gold Line Designs and Chinese Characters "Wan Shou Wu Jiang"

清光绪（1875~1908 年）

口径 28.1、底径 17.2、高 5.9 厘米

颐和园藏

敞口，外弧浅腹，圈足。外壁白地饰粉彩折枝花卉，内壁通体黄釉为地，盘心装饰团寿纹，并围以海水江崖等纹饰，祥云及“卍”字绶带纹穿插于开光“万”“寿”“无”“疆”四字之间，构图繁复有序，生动流畅，祥瑞氛围浓郁。底部红彩书“大清光绪年制”双行六字楷书款。此件万寿无疆盘突出“喜庆”主题，充满吉祥寓意，具有鲜明的艺术特征，为光绪年间最具代表性的御窑佳品。

140

黄地粉彩描金『万寿无疆』花蝶纹盖碗

Yellow Glazed Lided Bowl with Famille Rose and Gold Line Flower and Butterfly Designs and Chinese Characters "Wan Shou Wu Jiang"

清光绪（1875~1908 年）

口径 11、底径 4.3、高 7 厘米

颐和园藏

敞口，斜壁，深弧腹，圈足。盖沿小于口沿，轻扣于碗上。胎体轻薄，胎质洁白细腻，釉面光亮匀净。碗、盖内里满绘花蝶整齐排列，纹样华丽繁复。外壁通体施黄彩，四面圆形开光内红彩描“万”“寿”“无”“疆”字样，并以红蝠、仙桃、盘长、绶带相间隔，回纹作边饰。口沿及主体纹样描金，配以明黄色地，更显清代皇室尊贵奢华之气度。底、盖红彩楷书“大清光绪年制”款。此器成套制作，在颐和园所藏中除盖碗外，亦可见盅、小碗、碗、盘等。

141

黄地粉彩描金『万寿无疆』纹碗

Yellow Glazed Bowl with Famille Rose and Gold Line Designs and Chinese Characters "Wan Shou Wu Jiang"

清光绪（1875~1908 年）

口径 20.8、底径 8.2、高 9.3 厘米

颐和园藏

微撇口，弧腹，圈足，外底以红彩书写“大清光绪年制”六字双行楷书款。内壁施白釉，光素无纹饰。外壁以黄釉为地色，金彩圆开光内，分饰“万”“寿”“无”“疆”四字，并以各色粉彩饰以海水江崖、祥云及“卍”字绶带纹等。此碗色彩艳丽，并加饰金彩，彰显皇家的富丽华贵和帝后万寿庆典的喜庆气象。

大清光緒年製

壽
萬

142

『体和殿制』款黄地粉彩『玉堂富贵』寿字圆盒

Yellow Glazed Round Box with Famille Rose "Yutang Fugui" Painting and Chinese Characters "Shou" and the Stamp "Ti He Dian Zhi"

清光绪（1875~1908年）

口径24.7、底径15.5、高15.3厘米

颐和园藏

盒呈馒头形，上下子母口套合，圈足。盒内施白釉，外壁以淡黄色粉彩为地，上绘玉兰、海棠、牡丹等纹饰，取“玉堂富贵”之意。盒盖顶部“团寿字”及上下边口和圈足外装饰带用蓝料彩绘制。外底白釉地上以红彩篆书“体和殿制”款识。根据相关档案史料判断，此盒为光绪十年（1884年）景德镇御窑厂专为慈禧五十寿诞烧造的祝寿用瓷。

143

沉香木雕盘龙杖

Agilawood Cane with Carved Dragon

清光绪（1875~1908 年）

宽 12.5、高 157.5 厘米

颐和园藏

此杖为沉香木制。杖体镂雕而成，祥龙穿梭于如意云头之间，时隐时现。由晚清重臣张之洞为慈禧皇太后寿诞所贡。

144

紫砂佛手形壶

Purple Clay Tea Pot in the Shape of Citrus Chirocarpus

清（1644~1911年）

长19.5，宽8.2，高7.9厘米

颐和园藏

此壶为佛手形，树干形执首，特别是壶流和佛手形壶身巧妙相配，形意相随。整体造型素雅生动，情趣盎然，别具一格。

145

椰壳雕花团寿纹圆盒

Coconut Shell Round Box with Carved Flowers and Chinese Character "Shou"

清（1644~1911年）

腹径 6.7、底径 12.3、高 12 厘米

颐和园藏

此盖盒分上下两部分，皆由椰壳雕刻而成，盖纽顶部、盖四周盒身四周各有一描金团寿字，字之间雕刻暗八仙纹作为装饰，整体以网格纹为底；内嵌金属胎。椰壳雕刻为广东等地的特色产品。

146

椰壳雕暗八仙团寿纹碗

Coconut Shell Bowl with Carved Eight Immortals and Chinese Character "Shou"

清（1644~1911年）

口径 13.1、底径 7.1、高 5.2 厘米

颐和园藏

此碗圆口，口下渐收，圈足略向外撇。四周正中皆刻有描金团寿纹，余部装饰暗八仙，皆为浮雕，此碗材质应为椰壳或槟榔木。

147

椰壳雕花团寿纹碗

Coconut Shell Bowl with Carved Flowers and Chinese Character "Shou"

清（1644~1911年）

口径 8、高 4.9 厘米

颐和园藏

此碗口部向下渐收，有圈足。内嵌金属胎，外壁由椰壳雕刻而成，四面各有一描金团寿字，四周刻有暗八仙纹。

148

椰壳雕寿字纹碗

Coconut Shell Bowl with Carved Chinese Character "Shou"

清（1644~1911年）

口径 13.1、底径 6.8、高 5.2 厘米

颐和园藏

此碗圆口，口下渐收，圈足略向外撇。碗口装饰弦纹，四周正中皆阴刻长寿纹，以绿色颜料填充，由椰壳制成。

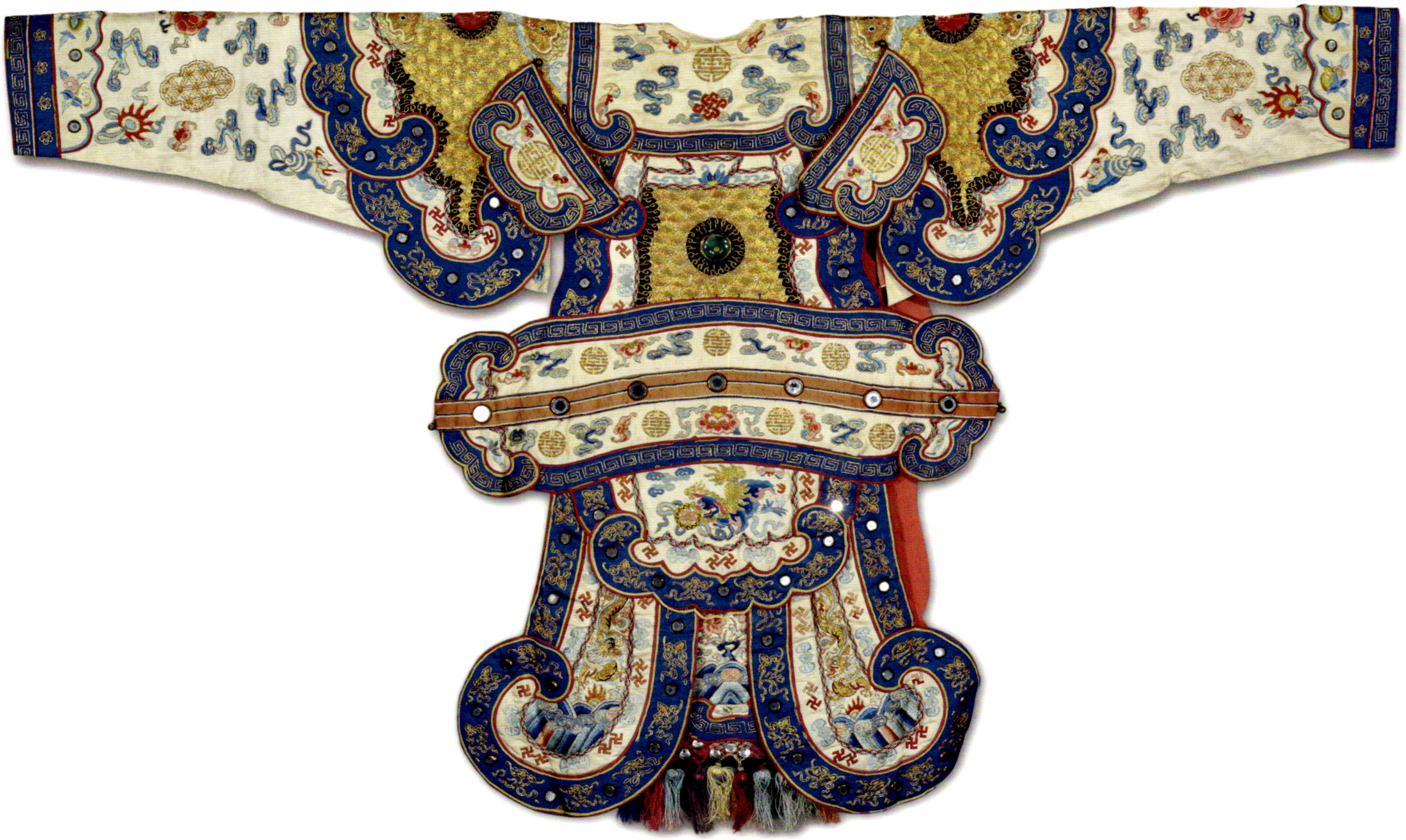

149

白色缎绣云龙团寿纹戏衣

White Silk Stage Costume with Embroidered Cloud, Dragon Designs and Chinese Character "Shou"

清光绪（1875~1908年）

上身：身长70、通袖123、袖口13、下摆60厘米

下身：身长48、腰宽47、下摆60厘米

颐和园藏

此为京剧武生所穿之靠。圆领，窄袖，腋下有护腋，靠身分前后两片。此靠以白色素缎为面，装饰绣有祥云、团寿、万字纹、牡丹、八宝等祥瑞纹饰。两肩以及前胸后背处亦平金针法绣金色鳞甲，增添了舞台人物的威武气概。靠肚突起，用平金针法绣双龙戏珠纹、海水江崖纹。重要部位钉缀金属圆片，下摆缝缀流苏、亮片，使其更具华丽的舞台效果。

150

黄色妆花缎绣飞虎纹旗

Yellow Silk Flag with Embroidered Flying Winged Tiger

清（1644~1911年）

长129、宽69厘米

颐和园藏

飞虎旗为京剧旗帐类道具的一种。此旗选料上乘、织工精致，以黄色作底色，中部织展翅翼虎一只，飞虎伸展四肢、瞪大双眼，造型生动威武。其身生出红色火焰，周边各色祥云穿行期间。四边缝缀浅蓝色寸蟒纹织金妆花缎镶边，使得整体颜色对比鲜明，突出主体。

入口
Entrance
北京動物園

第四单元

SECTION FOUR

百年公园　旧貌新颜

A NEW ERA FOR CLASSICAL GARDENS

经历了清末民初以来的陆续开放，日寇入侵的山河变色，新中国成立后的百废俱兴，北京的公园在探索中不断发展，特别是改革开放四十年和党的十八大以来，公园事业在遗产保护、生态改善、文化传承、文明交流互鉴、旅游管理、科学研究、科普教育等领域与时俱进，古典园林迸发出勃勃生机，愈来愈成为首都北京城市文化的靓丽名片。

Imperial gardens were gradually opened to the public and functioned as parks, after the fall of the Qing Dynasty in the early 20th century. Over the past century, they have undergone occupation by Japanese invaders and revival after the founding of People's Republic of China. Since the policy of reform and opening up was introduced in the late 1970s, in particular since the 18th CPC National Congress, the city's park sector has seen rapid progress in heritage conservation, ecosystem improvement, continuation of culture and traditions, mutual learning among civilizations, tourism management, scientific research, and publicity and education. Classical gardens have been revitalized and are becoming a shining name card promoting the urban culture of Beijing.

『农事试验场昔为乐善园旧址，原系前清御园。清光绪三十二年，由商部奏准，改为农事试验场。经营布置，需时二年，始告成立。民国四年，冠以中央字样。民国十七年，改为北平农事试验场。十八年十月，改称天然博物院。二十三年十一月，奉行政院令，改归北平市政府接管，定名北平市农事试验场。今俗有三贝子花园之称者，以西偏一部分旧为某贝子家花园也。全场面积约一千零六十二亩。农场开办之始，清慈禧后及光绪帝，历次谕告部臣注意风景。故各项建筑物多带园林形式。又是时，端方氏在德国购来虎豹狮象等多种动物，交场内豢养，故本场又有万牲园之称。特以风景之优，设备之富，又以地处城郊，不僻不嚣，空气既佳，交通尤便。故来游者，于实地研究动植物，暨观摩农事外，咸爱景物，视为游息之乐园焉。兹就场内主要各地，依次略述如下（甲）动物园。在本场大门之东偏，界以短垣，环以流水。有二门，通西门有桥，曰观鱼，北门内有桥，曰眠鸥。园饲脊椎动物。哺乳类动物有虎、豹、狮、象、猿、猴、熊、狐狸、犀牛、五腿牛、麋鹿、麅等，鸟类有鹦鹉、仙鹤、戴冕鹤、鹭、秧鸡、鹈鹕、鸳鸯、孔雀、锦鸡、雕、鸢、枭、鸵鸟及鸣禽类多种，爬行类有鳄鱼、绿毛龟及蛇类等，两栖类有鲫鱼等鱼类，饲淡水鱼多种，共计一百余种。（乙）农产标本室。在荟芳轩，陈列谷、菽、棉、麻、丝茧、林木、药材、茶叶、羊毛等类标本一千二百余种。轩前即芍药圃。（丙）豳风堂。建筑宏敞，藻绘鲜华，东偏有累石为山洞，西为纡曲之长廊。俯瞰荷塘，前有文冠树数株，为本场珍奇之品。有磊桥。堂西有牡丹多种，有亭名牡丹亭，其后面土山上，林木茂密，风景幽雅。（丁）海峤瀛春。岛上楼阁皆作东洋式，并有樱花多种。（戊）园艺标本室。室内植物模型九十余种，花卉籽种二百余种，果实浸制标本十余种，园艺器具约九十种。（己）植物园。面积约三十亩，分为若干区，按照植物自然分类之系统，分别按区培植中外不同之植物，约千余种。（庚）温室。专培养奇花异草，四时不绝，类多热带植物，而秋末之菊花，尤负盛名。（辛）畅观楼。清光绪三十四年，慈禧及光绪帝先后临幸于此，楼内有德宗及慈禧后驻跸之塌，及各种陈列品，最高楼顶西可远眺西山，东可俯窥全城。（壬）鬯春堂。堂之四周，叠石为山，环植槐柳桃杏之属，景物幽胜，甲于全场。（癸）动物标本室。共分四陈列室，分别陈列哺乳类、鸟类、爬行类及两栖类、鱼类，统计品种在一千以上。此外尚有水田、旱田，各分区试种优良稻、谷、棉、麻等。又有果园十五区，栽植中外果树，并培养果苗，以广传播。』

——《旧都文物略·名迹略·下》

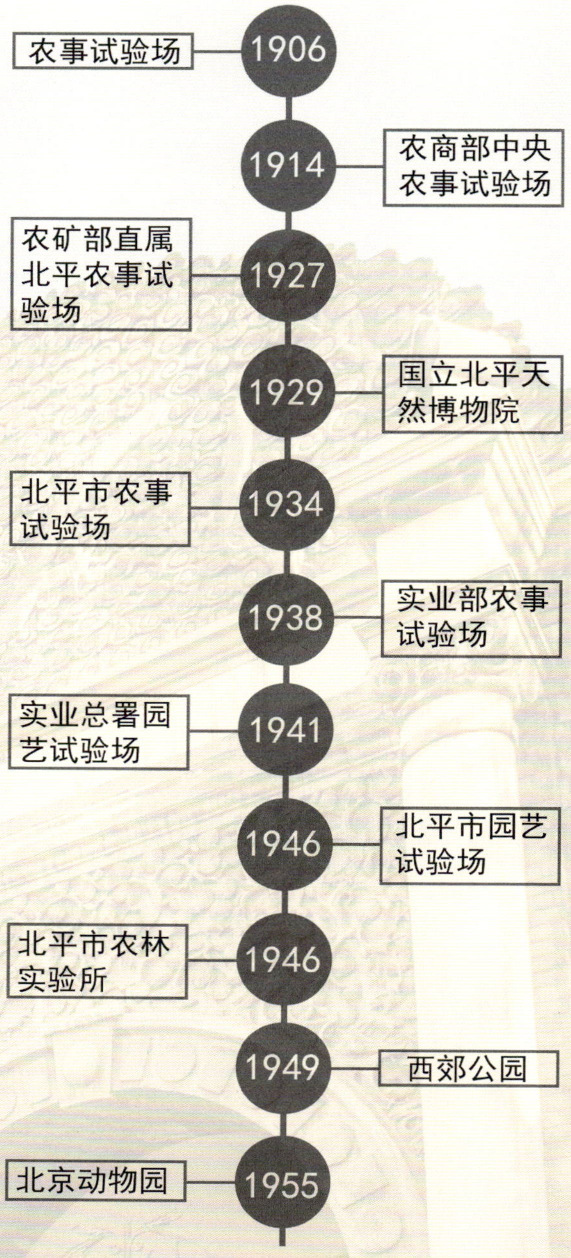

动物园发展图表

151

农工商部农事试验场规条

Regulation of the Experiment Farm of the Ministry of Agriculture, Industry and Trade

清末

长 30、宽 20 厘米

动物园藏

农事试验场是北京动物园的前身，是当时京师第一座政府管办的集珍稀动、植物展示与农业种植研究为一体的公共教育场所，是封建帝制时代末期的中国人学习借鉴西方先进国家创设博物院以开启民智的最初历程。筹建中的农事试验场包括动物园、植物园和农产品试验地三个部分。农事试验场于光绪三十四年建成后，即制定了规则总纲，具体规定了单位名称、办场的宗旨、单位的性质、工作研究内容、下设各具体科室职责等工作规范准则。为便于实验起见，还附设农业学堂，以期造就农学人才。农事试验场的成立，为发展农业生产，普及先进农业科学技术起到了积极作用。

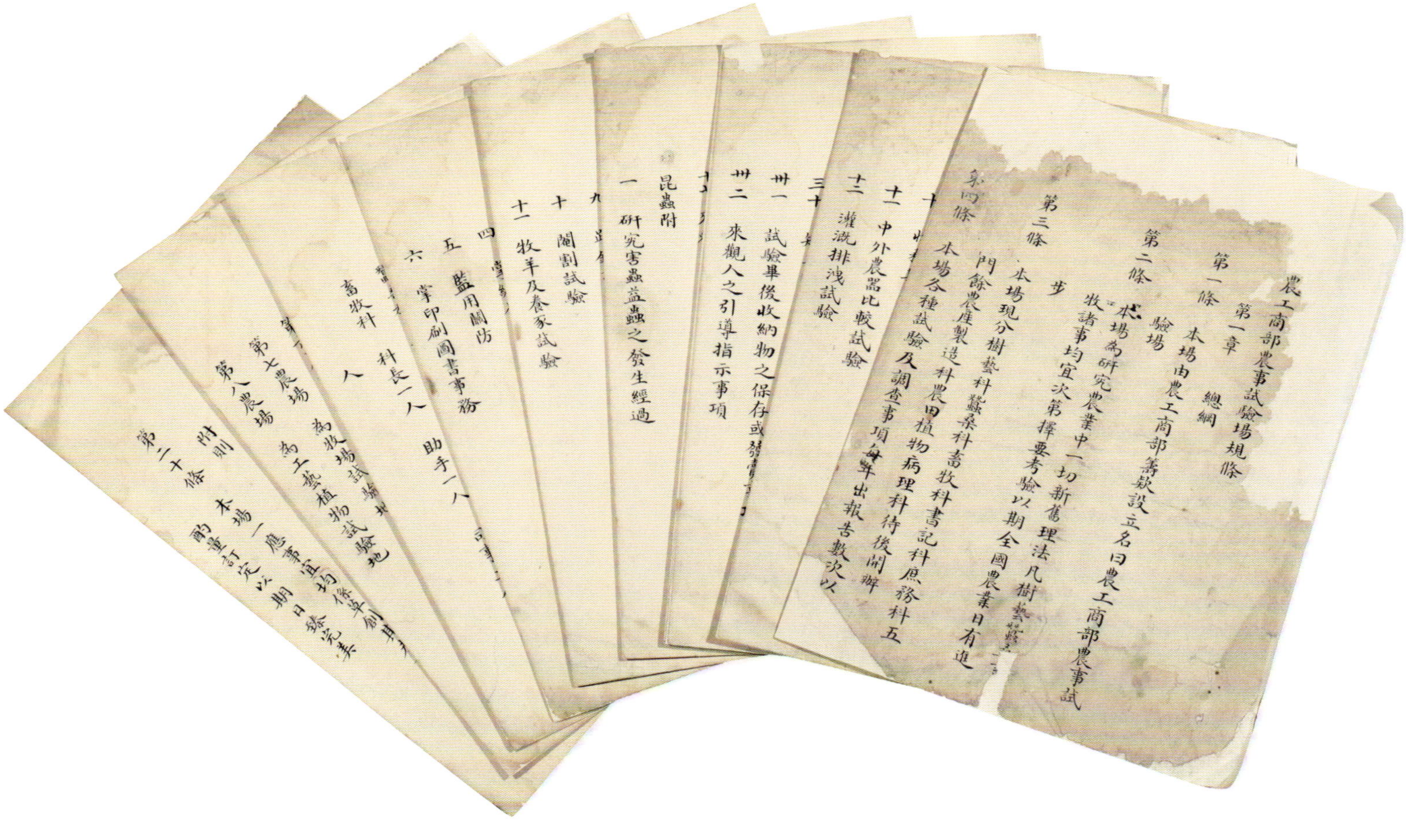

152

1935年基泰工程司重修祈年殿牌

Plate Recording the Reconstruction of Qinian Hall in 1935 by the Jitai Construction Company

1935年

天坛公园藏

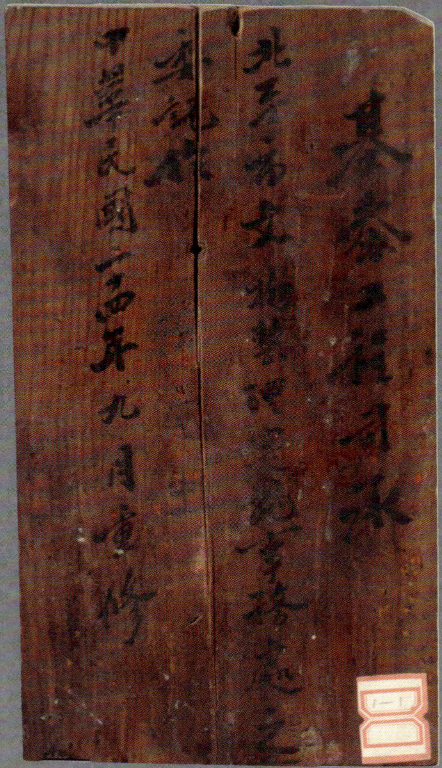

153

1947年《颐和园导游册》

Tour Guide of the Summer Palace In 1947

1947年

长18.3、宽13.1厘米

天坛公园藏

编者许星园，1947年1月16日至1948年11月12日任管理颐和园事务所所长。

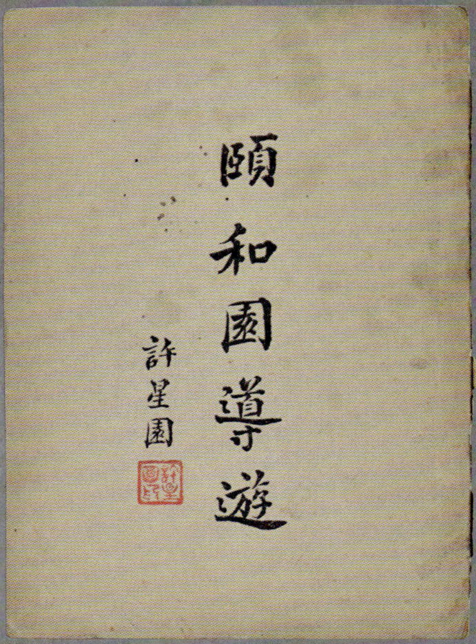

154

中央公园廿五周年纪念刊

Memorial Issue of the 25 Anniversary of the Cental Park

民国（1912~1949年）

长26.5 宽18.6 厚1.7厘米

中山公园藏

155

1912~1949年民国天坛游览纪略、天坛古迹纪略

Records of the Tour in Temple of Heaven and Records of the Relics in Temple of Heaven Published in the Republic of China Period

民国（1912~1949年）

天坛公园藏

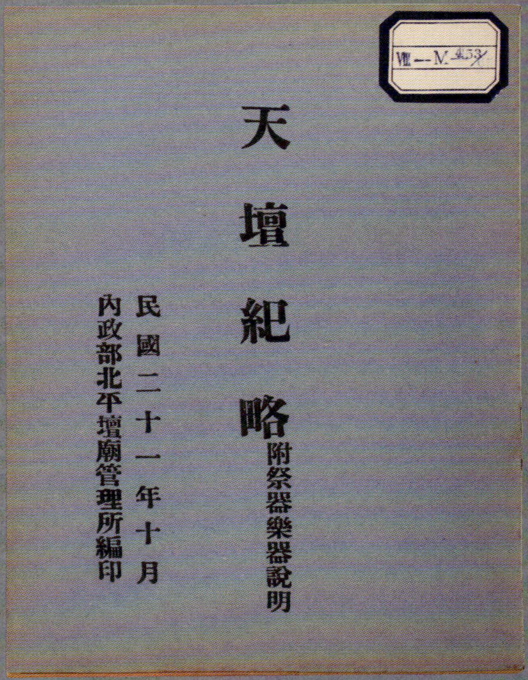

天壇紀略
附祭器樂器說明
民國二十一年十月
內政部北平壇廟管理所編印

156

北京六处坛庙园林游览联票

Entrance Ticket of Six Gardens in Beijing

民国（1912~1949年）

长25、宽13厘米

天坛公园藏

157

民国北海公园门票

Entrance Ticket of the Beihai Park in the Republic of China Period

民国（1912~1949年）

长9.8、宽4.5厘米

北海公园藏

民国时期门票，蓝戳为建国初期所盖，此票为新中国成立初期，政府尚未印制新票时短暂使用的民国旧票。民国14年（1925年）公园开始售票，经市政公所批准门票订为1角（辅币）。据民国27年（1938年）《北京特别市社会局名胜古迹历史沿革调查表》票价一栏记载："北海公园入门券每人收铜元贰拾枚。"民国32年（1943年）2月1日北海公园委员会经北京市公署批准门票每张1角（联合准备银行纸币）。1950年北京市建设局通知，北海公园4月1日起门票调至500元（合新人民币5分）。

158

陶然亭都门胜地碑

"Du Men Sheng Di" Stela of the Taoranting Park

1935年

长167、宽88、厚8厘米

陶然亭公园藏

都门胜地碑，由民国书法家张伯英为重修陶然亭撰写的题记。全文如下：

陶然亭都门胜地，春秋佳日，名流之所宴集，在今北平市自治十一区。徒都后渐就零落，王玉树区长葺而新之，游赏者增兴会焉。事之兴替，存乎其人。吾乡云龙书院，乃东坡旧游地，胜概不减江亭，而数百年古柏，斩伐净尽，台榭无一存，只坡公所谓'满岗乱石'，可胜叹哉！兵燹以来，古迹横被摧残，此亭得遇玉树，抑何厚幸。闻十一区自治为全市冠，只此一端，其废无不举，已可想见，果长区者皆如玉树自治之精进，当何如？玉树吾老友，住持德昆为道此事，意有所感，书以贻之，时乙亥中秋后二日，病经月未搦管，退笔胶墨都不成字。彭城·张伯英

"都门胜地"刻石，1935年王玉树主持重葺陶然亭，托慈悲庵主持德昆，转请张伯英撰书的碑记。记陶然宴集之盛事，颂区长葺新之功德，意有所感，因以成篇。文章中说："兵燹以来，古迹横被摧残，此亭得遇玉树，抑何厚幸。"我们现在能够看到这么漂亮的陶然亭，其中有王玉树先生做出的巨大贡献。

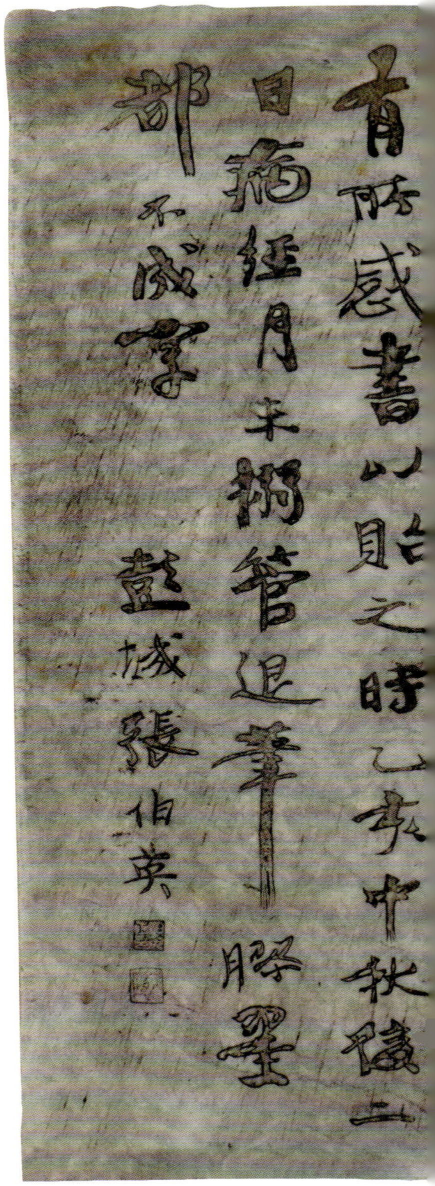

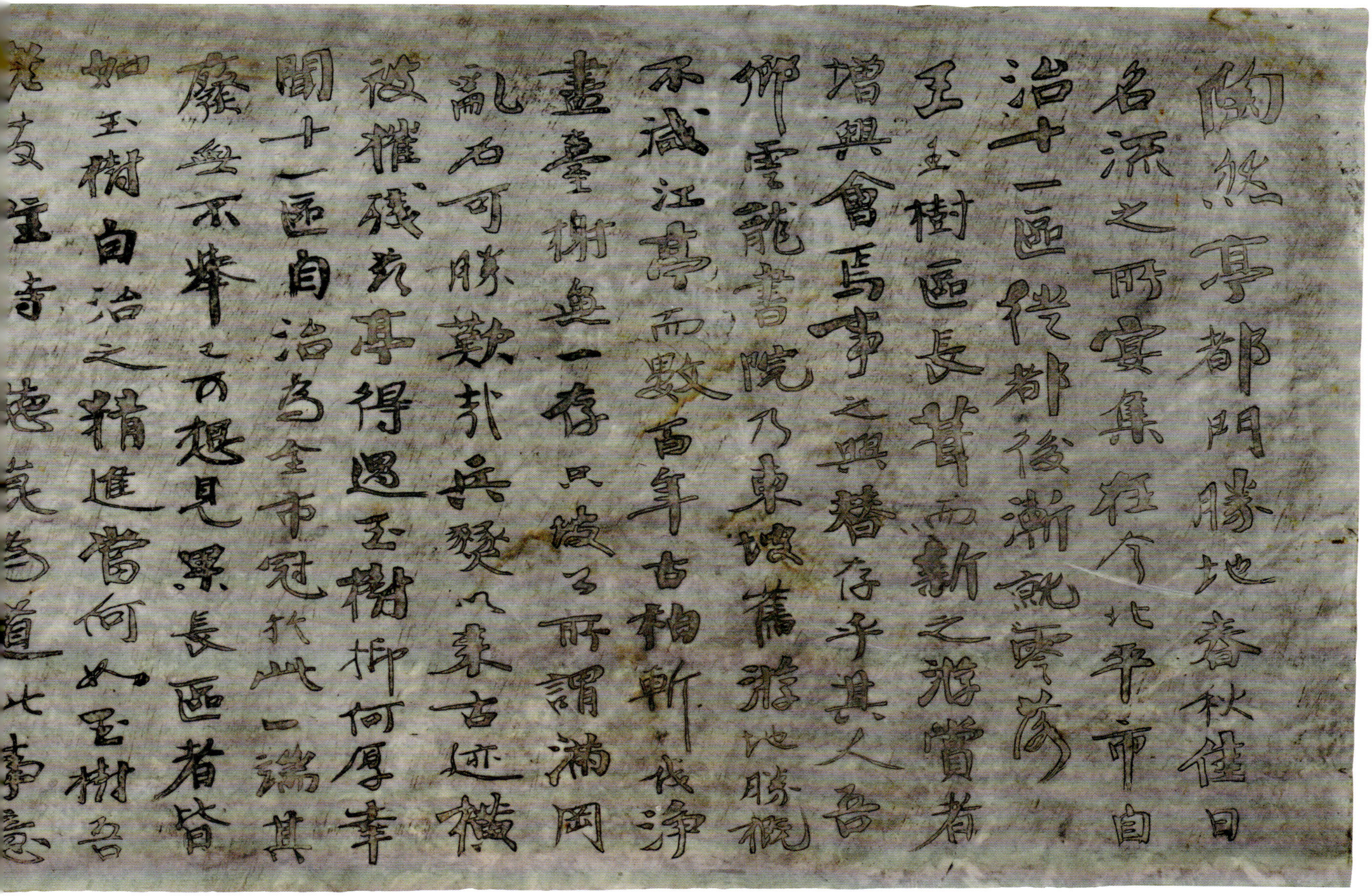
陶然亭都門勝地春秋佳日
名流之所宴集在今北平市自
治十一區從都後漸就零落
王玉樹區長葺而新之游賞者
增興會焉事之興替存乎其人吾
鄉雲龍書院乃東坡舊游地勝概
不減江亭而數百年古柏斬伐淨
盡臺榭無一存只墩子所謂滿岡
亂石可勝歎哉兵燹以來古迹橫
被摧殘茲亭得遇玉樹抑何厚幸
聞十一區自治為全市冠於此一端其
靡無不舉之可想見畢長區者皆
如玉樹自治之精進當何如玉樹吾
楚友王寺德氣為道七事意

『社稷坛之祭殿，前数年夏间曾设电影场，民国十七年改为中山堂，丹雘一新。其后拜殿，今为革命图书馆。又西有哈丁纪念石，哈丁者，美前总统召集太平洋会议者也。药言亭原当公园入门之正面，民国八年欧战既终，毁东单牌楼之克林德纪念碑「牌」，移于公园，为公理战胜坊，乃移药言亭于坛北门之外，而建坊于药言亭之旧址。又有施、王二烈士像，民国十三年建于祭殿外之东西，嗣为当道所仆，埋诸后圃，民国十七年复建于习礼亭之东，且泐铭焉。二烈士者，辛亥革命时滦州起义者也。此皆为朱记所不载，用缀于此，藉备佚闻。』

——民国·陈宗蕃《燕都丛考》

『中山公园，原名中央公园，十七年始改名中山，原为社稷坛……民国三年十月，内务总长朱启钤建议政府改为公园，辟门于南金水桥畔，设董事会以次经营，规模大备。游人入园，门内巍然竖立为「公理战胜」石坊，纪念协约国战胜功绩。入门分三路行：（一）东行。循走廊过「行健」会，为都人士习武术健身之所。其西为花圃，有青云片石，系自圆明园时赏斋中移来者，三字为清高宗所书。东为中国营造学社，为研究中国古代营造技术机关，朱启钤主之。过来今雨轩东为董事会，转北为假山，山石玲珑，上有亭，金梁书『松柏交翠』四字。再往北直至后河，循路有山石，夹道古松，直至格言亭。（二）入门循走廊西行，经儿童运动场，转西渡桥至水榭，构造极精致，前临水池，夏日荷花盛开，极饶雅韵。由水榭西行登山，此山全为人工构成，新栽树木已蔚然成林。山下有桥，可通两宜轩，轩旧名关帝庙。北有桥，可通唐花坞。循大路往北，经绘影楼、碧纱舫、春明馆、长美轩、柏斯馨等处，再北经鹿囿，北有假石山，抵河至北门桥，通西华门。（三）入门经「公理战胜」坊，往北转西，至习礼亭，左右植牡丹甚繁。北进社稷坛南门，入门有国花台，遍植芍药。坛后拜殿，今改建中山堂，祭殿今改图书馆，殿后为坛北门，与东西两路会合。』

——民国《旧都文物略·园囿略》

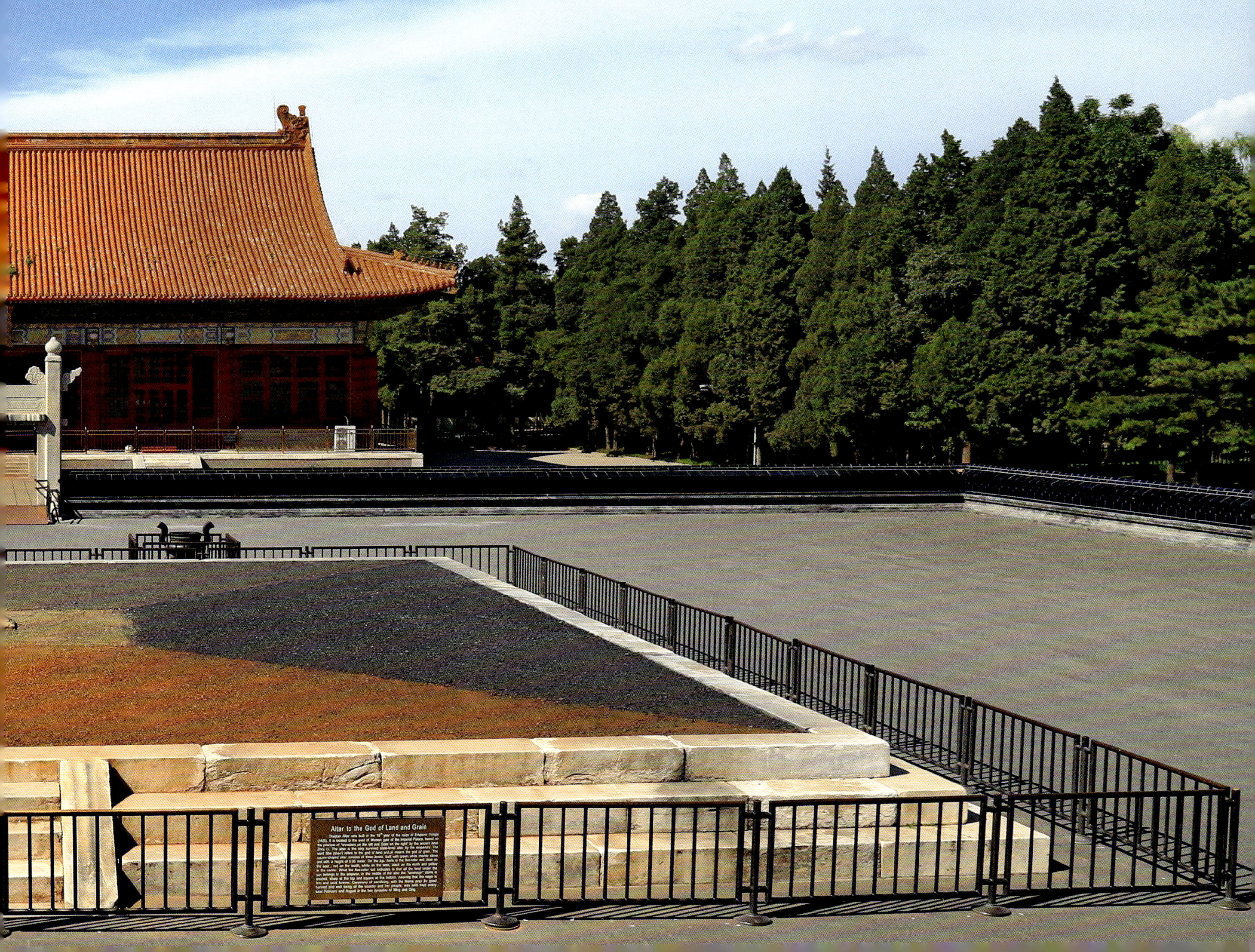

159

行健会刊石记碑

Stela of the Xingjianhui Found in the Zhongshan Park

民国（1912~1949年）

长104、宽69、厚13厘米

中山公园藏

石质。行健会刊石记碑，原立于中山公园南大门内东侧（现游客服务中心）。介绍了1915年5月行健会创办及内外布局等情况。由北洋政府教育总长张一麟撰碑文，全文近600字。石碑由许拜五书写，北平碑刻世家陈云亭以隶书阴刻。

其全文如下：

记曰：勇敢强有力者，天下无事则用之于礼仪，天下有事则用之于战胜。用之于战胜则无敌，用之于礼仪则顺治，外无敌内顺治此之谓盛德。古人寓尚武精神于聘射之礼，故《易》曰：天行健，君子以自强不息。湘乡曾氏云：养生之道在君逸而臣劳。谓逸其天君，而劳其肢体。自近世习于文弱，于古人强力摄生之旨寖以衰微，致讥之者谥为东方病夫，岂不可耻。民国三年十月政府开放社稷坛为公园。翌年五月，内务部长朱君桂辛决定画分外坛东南隅之地创设行健会。建屋十余楹，北为正厅，东南为事务室，东北为会客室，西为棋球、投壶、阅报室，南为网球场。东逾走廊为传达室及浴室、厕所等，综计费银六千九百余元，由本会理事朱君桂辛、雍君剑秋及全君伯屏、曾君叔度与余等分别捐助。会内聘武术教师，雇茶役、球童，购置台球、网球、电灯、电话、报纸各项亦岁需千余元，皆取给于会员之常年会费，并承公园董事会赞助。凡会员持会证入园者得免购门券，但遇会员激增之年，约定以溢额名数会费之半送交公园董事会，以昭公允，此其大略也。入会同人呼吸于景风淑气之中，习驰驱导引之术，往往病者以起，瘠者以肥，然后知古人游艺之益可以使肌肤之会、筋骸之束变易于不自知。余离故都十有六年，讫今仍神游其间，谓此乐不可复得。老友陈君仲平邮书属为记事，且曰："都人士得此高尚娱乐之地，君等与有力焉"会员虽出入无常而常能保持百数十人之谱，则地之名胜为之也。陈君年将七十，精神步履无异少年，是能践行健之实者。余年来蜷伏乡里，老态侵寻，近于古人所谓晏安酖毒者，尤愿同人之引为炯戒也。民国二十六年元月谨识于苏州心太平斋。吴县张一麐撰。杭县许拜五书。北平陈云亭刊石。

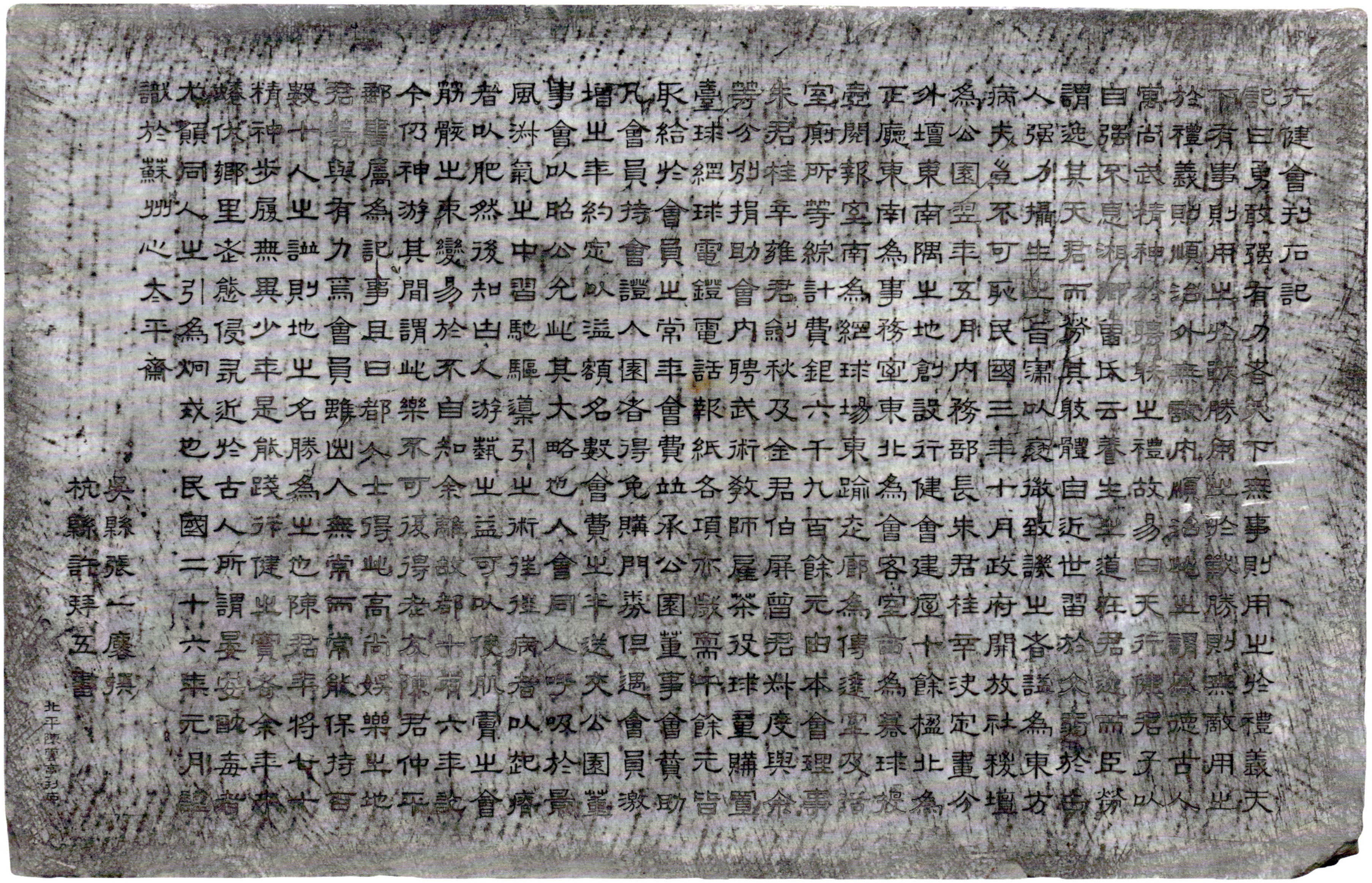
六健會刻石記
民國二十六年元月
吳縣張一麐撰
杭縣許拜五書
北平陳雲亭刻

开放于1925年。《旧都文物略》中记载『北海肇自辽金，风景佳胜，殿宇崇闳，为历代帝王之别苑，盛于明清。入民国后，交还政府管理。民国五年，内务总长许世英始建议开放，由市政公所拨二万元整理。正筹备间，时局倏变，不果行。六年、八年，均经议及，卒不得当。至十四年，内务总长兼市政督办朱深，始实行开放，定名为北海公园，组织董事会。春秋佳日，游人蚁集，而内部一切亦逐渐整理完好。』

——民国《旧都文物略·园囿略》

『浴兰轩今为蔡松坡图书馆阅书室。快雪堂今改为蔡公祠，祠正中供蔡公松坡锷神位，旁祀蔡公共事诸人，中设玻璃龛，藏蔡公手札各件，以垂纪念。』

——民国·适园主人《三海见闻志》

160

民国北平图书馆分馆启

Paper Document of the Beijing Library in the Republic of China Period

民国（1912~1949年）

外框：长33、宽30.5、厚2厘米

内芯：宽21、高26.5厘米

北海公园藏

松坡图书馆改为北平图书馆后，因业务调整，颁布此启。内容大致如下：“这中文书的目录卡片，分‘著者字顺’，‘书名字顺’和按内容‘分类’的三种，都是旧松坡图书馆时代所编，而且已经使用很久，自经本馆接管发见有不妥之处，现为需用起见，不及重编，暂行使用，敬希阅览人原谅——北平图书馆分管启。八月三十一日。”

161

梁启超题松坡图书馆募捐启

Announcement of the Donation for the Songpo Library Written by Liang Qichao

民国（1912~1949年）

宽18、高26厘米

北海公园藏

松坡图书馆募捐启由梁启超署，包括报告、摄影、简章、规则、规约。1923年11月4日，松坡图书馆正式成立，梁启超出任馆长。

自创办松坡图书馆直至逝世，梁启超为中国图书馆事业的发展做了大量工作。1925年4月，他促成全国性的图书馆组织——中华图书馆协会的成立，并任第一届董事会董事长。同年6月，他就任京师图书馆馆长，1926年就任国立北平图书馆馆长。在短短数年内，他倾心竭力发展中国的图书馆事业，并在文献学和目录学等方面的研究上做出了历史性贡献。

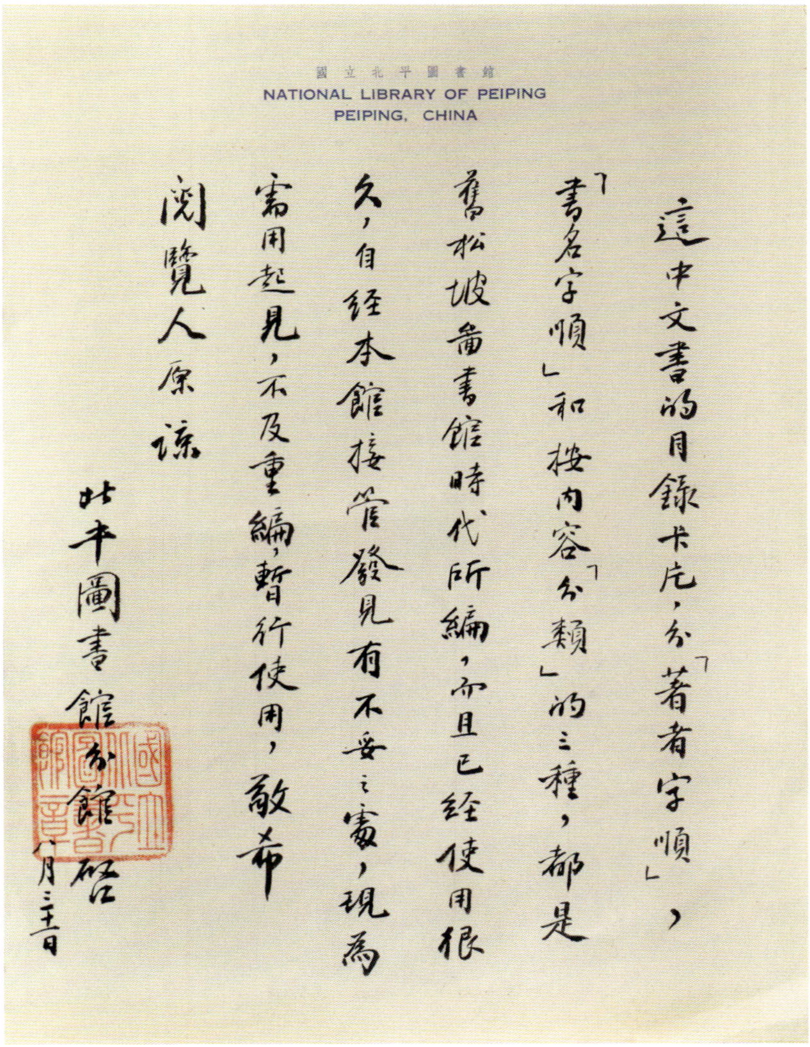

國立北平圖書館
NATIONAL LIBRARY OF PEIPING
PEIPING, CHINA

這中文書的目錄卡片，分「著者字順」，「書名字順」和按內容「分類」的三種，都是舊松坡圖書館時代所編，而且已經使用很久，自經本館接管發見有不妥之處，現為需用起見，不及重編，暫行使用，敬希閱覽人原諒

北平圖書館分館啟

八月三十一日

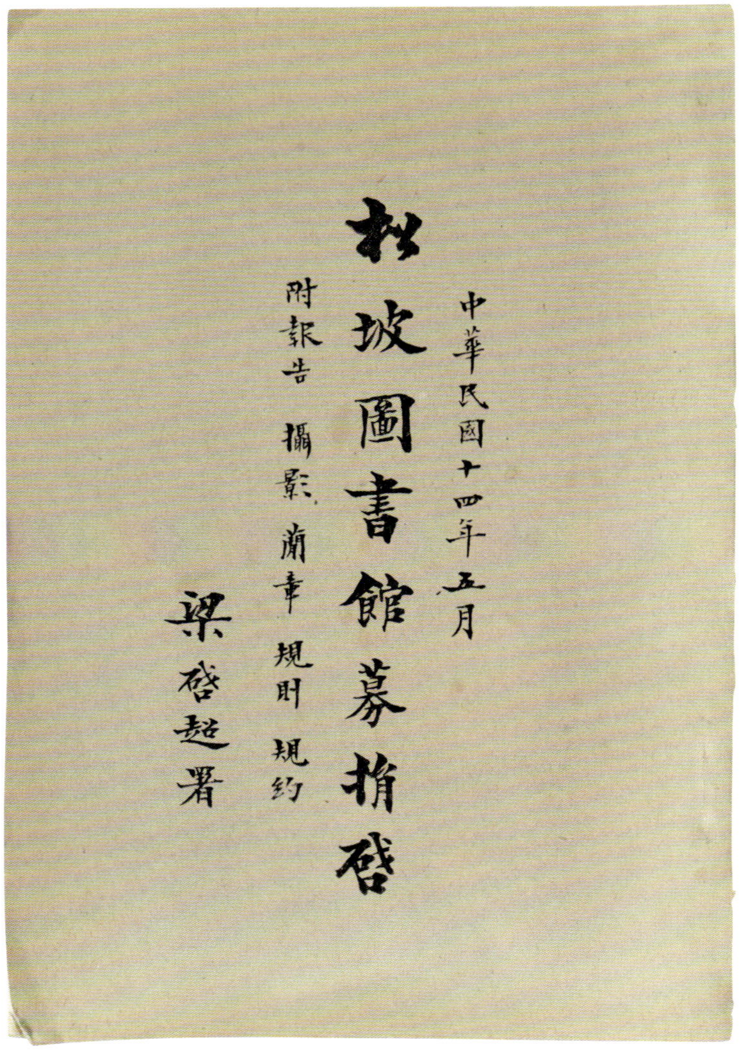

松坡圖書館募捐啟

中華民國十四年五月

附報告 攝影 簡章 規則 規約

梁啟超署

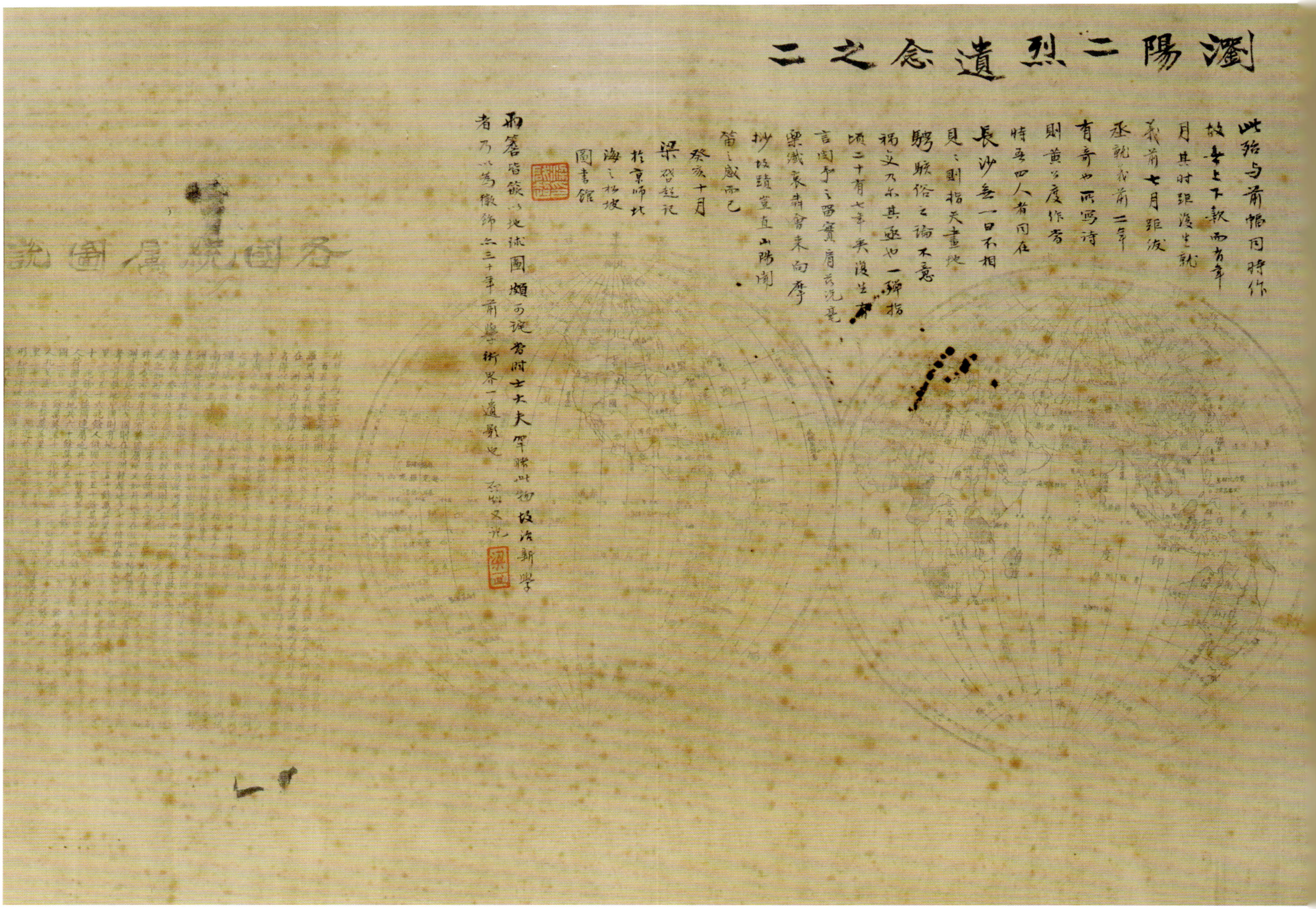

162

梁启超题浏阳二烈遗念

Memorial Poem for the Two Martyres from Liuyang City Written by Liang Qichao

清（1644~1911年）

纵60、横150厘米

北海公园藏

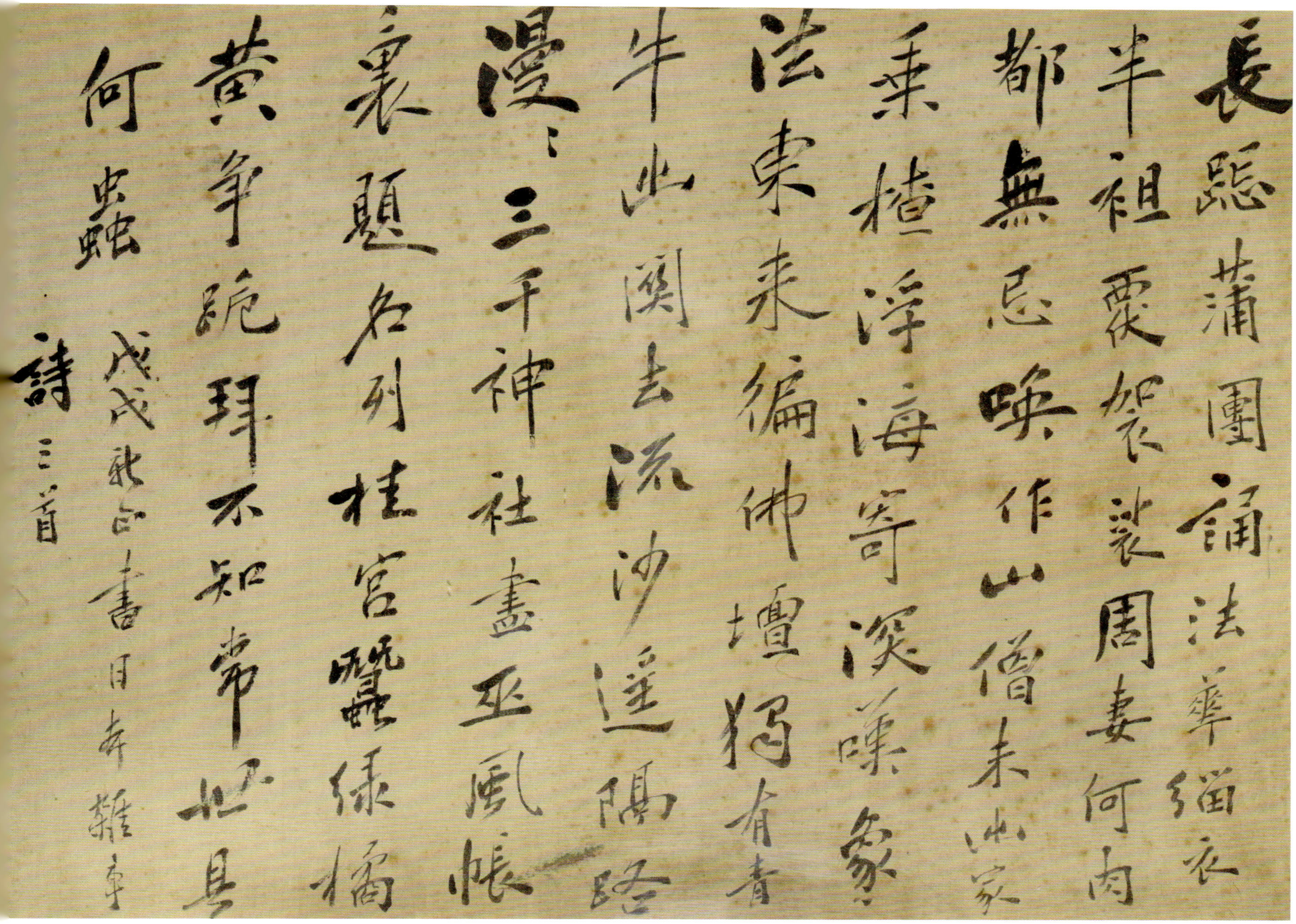

梁启超（1873~1929 年），字卓如，一字任甫，号任公，又号中国之新民、自由斋主人。中国近代思想家、政治家、教育家、史学家、文学家。

此幅作品为谭嗣同就义前数月的书画作品。梁启超先生得之后，在其上题写了奠文，以示怀念之意。

梁启超先生具有极其深厚的中国传统文化修养，尤其在中国传统书法的断代，历代碑刻的品评方面有着非常独到的认识和评述，在自己的书法创作实践中既能继承康有为先生以碑学为主的创作风格，又能吸收自魏晋以来贴学传统，形成自己独具魅力、柔中带刚、文气四溢的书法风格。

『园为清慈禧太后所建，辛亥革命后议定清帝退位后移居兹园。故民国初元，仍由清室管理。民国三年，由清室设管理处，开放任人游览。十七年，由市政府接收，始设事务所管理。园内宫殿建筑，伟大精巧，风景明丽，实能代表东方美。』

——民国《旧都文物略·园囿略》

莫道昆明池水浅，观鱼胜过富春江。

——毛泽东《七律·和柳亚子先生》

20 世纪 30 年代，日军侵华战争爆发，为保护中华文化瑰宝，1933 年至 1950 年间，故宫博物院组织实施了“国宝南迁”行动，颐和园数万余件园藏文物中有 2446 件（套）藏品参与了此行动。这些古物于 1933 年先后分 3 批南运，第一批 74 箱，第二批 224 箱，第三批 343 箱，涉及铜器、瓷器、玉器、书画、钟表、座屏、家具、珐琅、漆器、砖瓦、杂项等门类。

颐和园南迁文物离园后，先随故宫文物迁至上海、南京，后又辗转分运汉口、汉中，最后存于川渝等地。新中国成立后，留存于南京的文物陆续北返，归还颐和园文物共计 76 箱、12 麻袋，共计 326 件，仅占南迁文物的 13%。

“国宝南迁”是中国文物保护史上的宏伟篇章，创造了战争环境下保护人类文化遗产的传奇；园藏南迁文物作为中华民族的瑰宝，与民族的命运紧密相连，维系着中华文化的命脉，是一笔无与伦比的物质与精神财富。

163

颐和园南运古物清册、颐和园南运古物分装各箱件数清册

Inventory of the Antiquities of the Summer Palace Sent to the South

1933 年

长 27，宽 19.3 厘米

颐和园藏

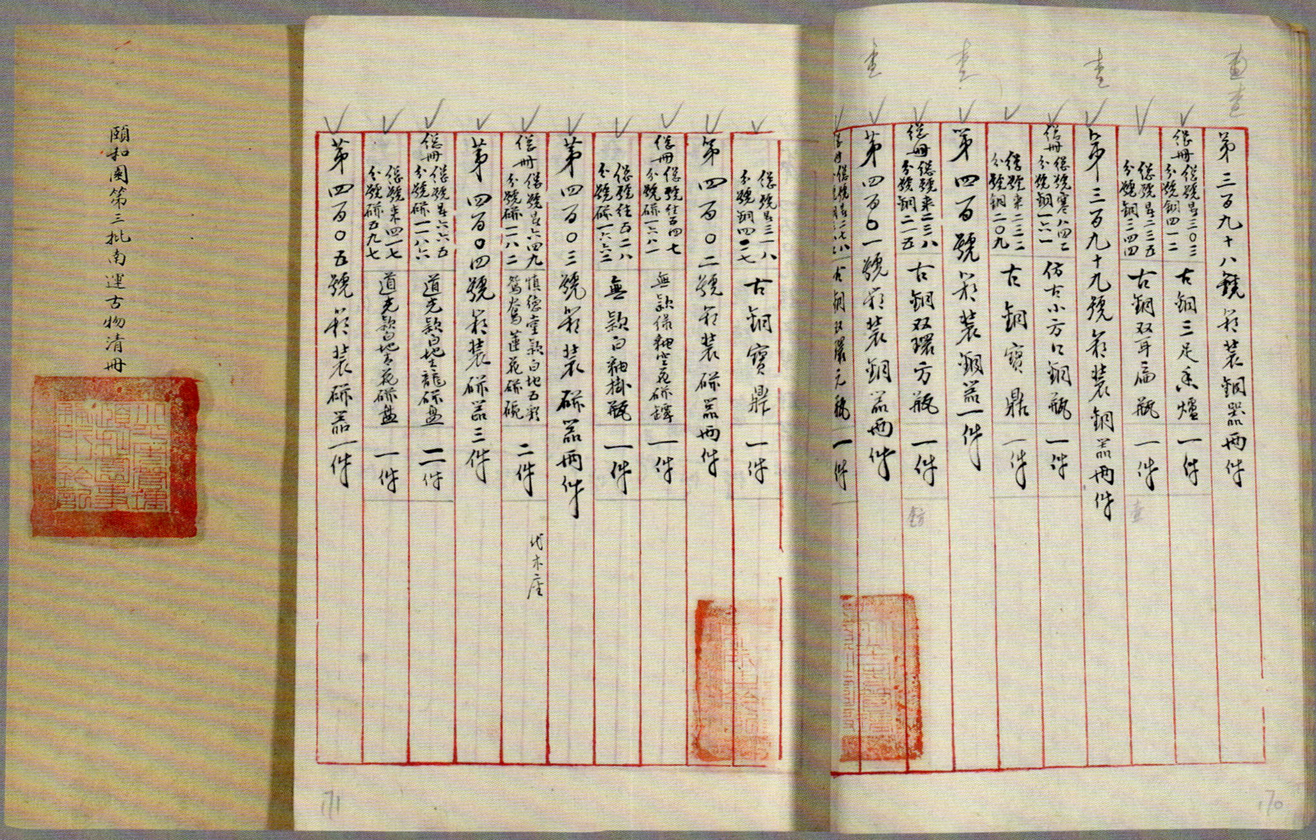

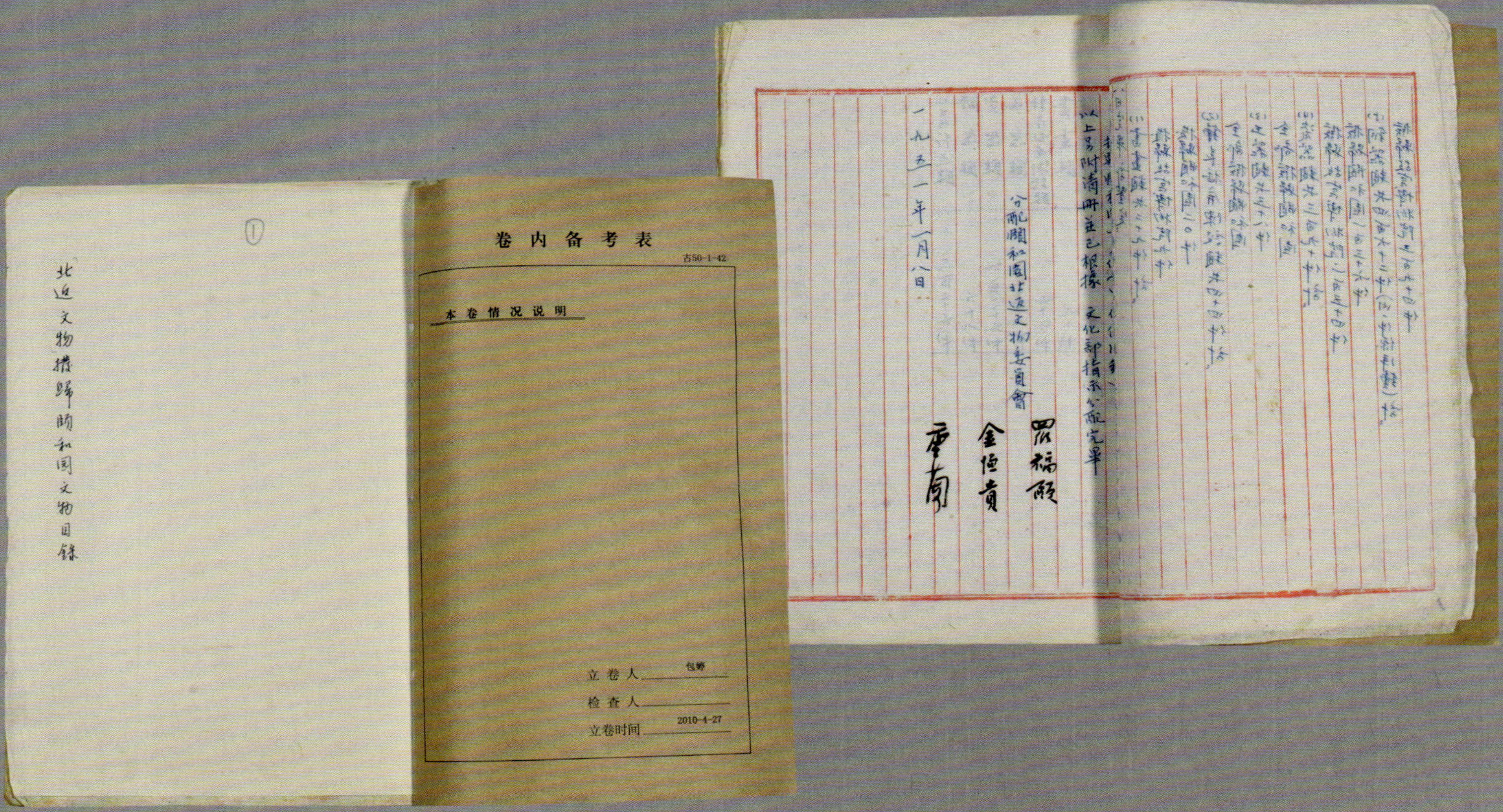

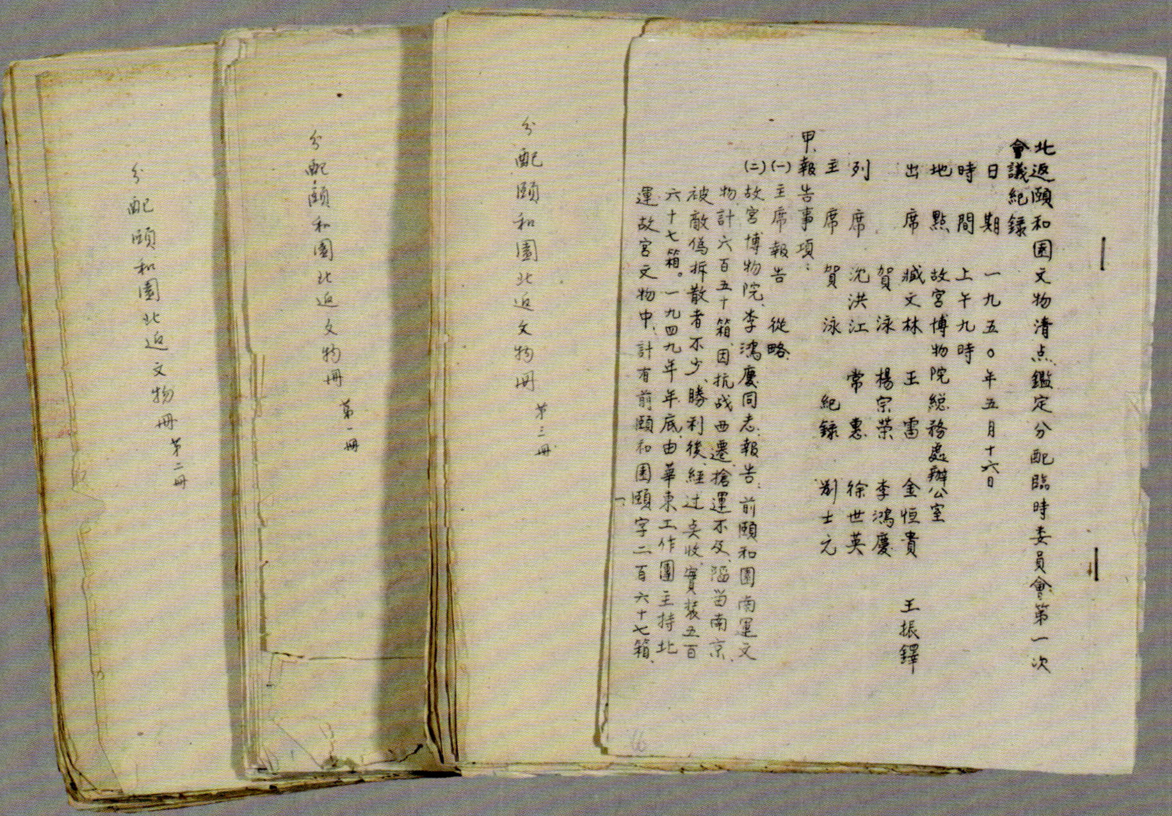

164

颐和园北返古物件数清册、北返文物拨归颐和园文物目录

Inventory of Antiquities of the Summer Palace Returned to the North

1950年

清册：长27，宽19.5厘米

目录：长27.5，宽19.5厘米

颐和园藏

165

柚木花卉纹有束腰五腿拼桌

Teak Five-Feet Table with Carved Flower Designs

民国（1912~1949年）

长 195.9、宽 153.1、高 79 厘米

颐和园藏

柚木制。桌体由两部分拼成，每部分桌面攒框独板装芯。面下有束腰，托腮雕莲瓣纹。牙板镂雕，下接三弯腿，均雕饰花卉纹，底足外翻呈卷云状。桌子中心部分另有一花卉纹独腿支撑桌面。此桌造型大气，应用了多种雕饰技法。是北平和平解放期间国共谈判所使用的谈判桌，有重要的历史价值。

景福阁

『景山又名煤山，明庄烈皇殉国于此。今其自缢之树尚在，惟以枯其半。寿皇殿存有清历代御容，前年古物陈列所取去，清室提出异议，几至成讼。周赏亭已圮，民国十七年葺而新之，其余各亭一并修葺，遂开放该处为游人登览之所。十八年又于北上门之北面，辟一东西直达之通衢，山中亦砌石为阶，以便登陟。又按『官』禁之地，密严如彼，而嘉庆癸酉林清之变，以数百之众，阑入禁门，竟使数万禁旅，莫知所措，亦足见在德不在险，而王者之守，当在四夷也。』

——民国·陈宗蕃《燕都丛考》

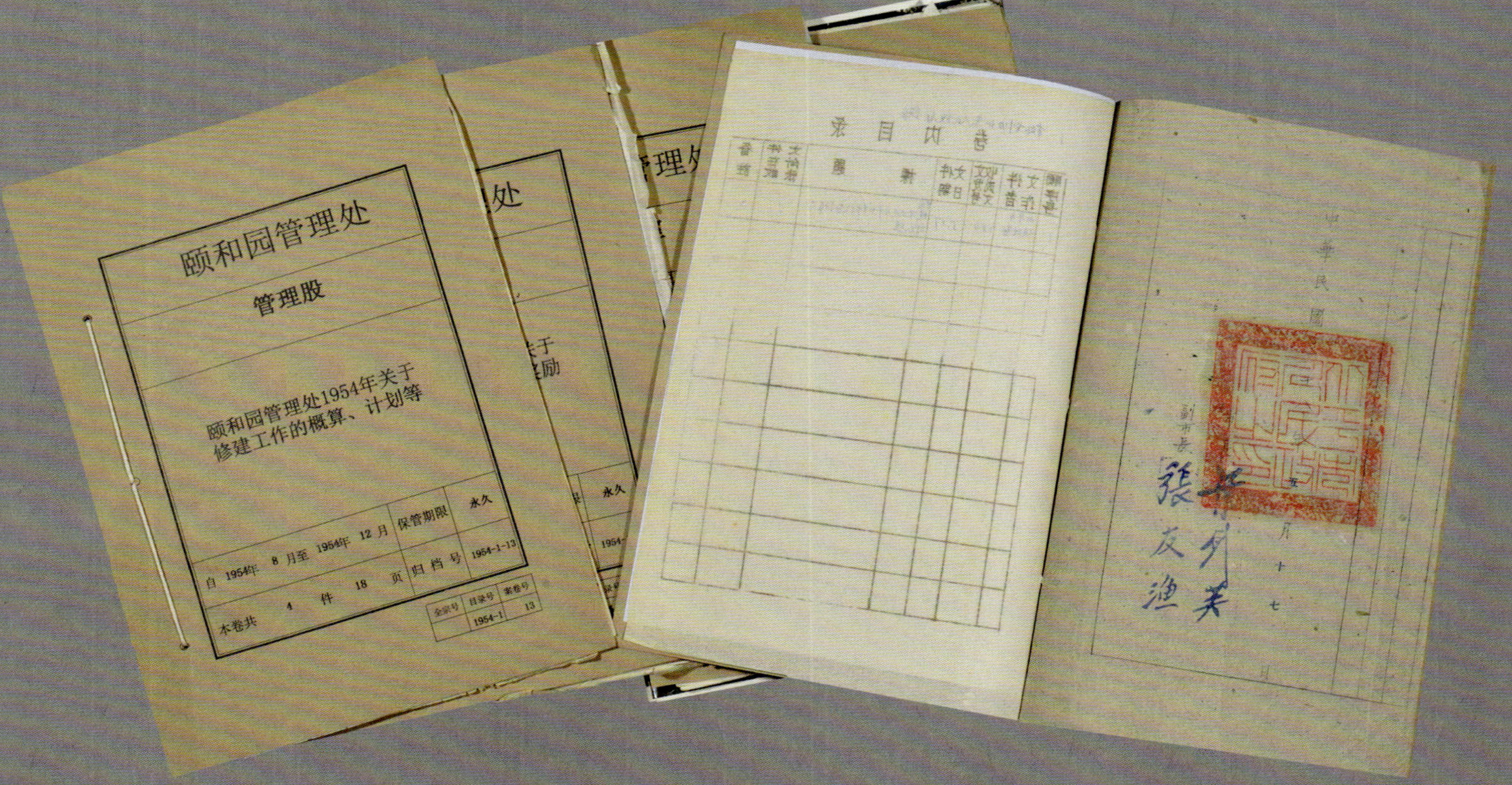

166

颐和园管理处划归北京市政府领导的文件

Documents Signed by Ye Jianying Which Put Management Office of the Summer Palace Under the Administration of the Beijing Government

民国（1912—1949年）

长34.2，宽26.6厘米

颐和园藏

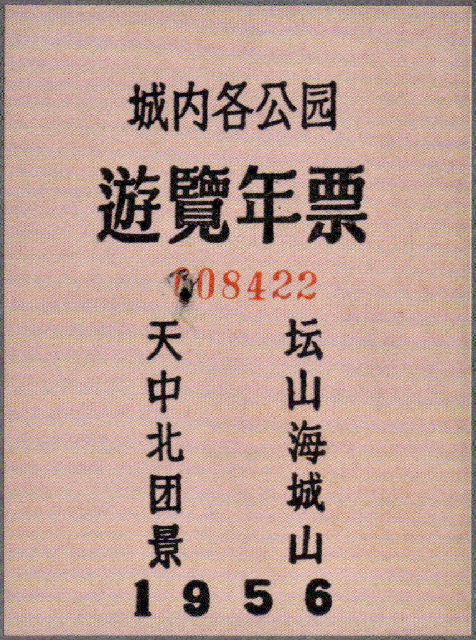

167

1956年城内各公园游览年票

Entrance Tickets of the Parks in Beijing in 1956

1956年

长8.7 宽6.4厘米

北海公园藏

20世纪50年代初期，公园行业的管理机构变化较多。1956年，部分城内公园经统一管理，面向社会发出“城内各公园游览年票”。当年仅限于天坛公园、中山公园、北海公园及团城、景山公园。

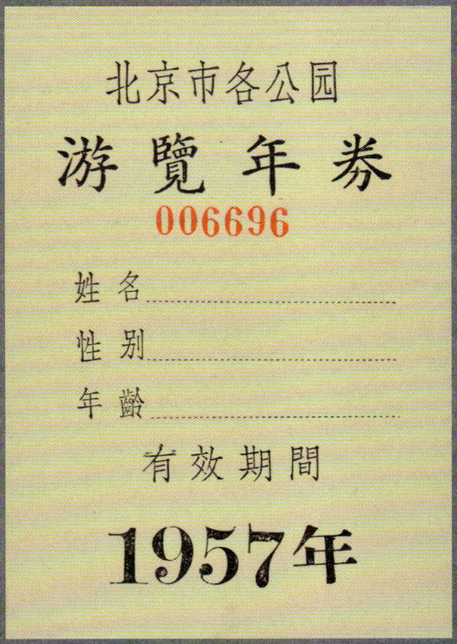

168

1957年北京市各公园游览年券

Entrance Tickets of the Parks in Beijing in 1957

1957年

长9.4、宽6.5厘米

北海公园藏

20世纪50年代初期，公园行业的管理机构变化较多。1957年，北京市的公园管理范围由城内各公园扩大为北京市各公园，并面向社会发出“北京市各公园游览年券”，方便游人参观游览。

169

祈年殿大修照片

Repairment of The Qinian Hall

天坛公园藏

170

北海 60 年代白塔大修照片

Beihai Park in 1960s Repairment of the White Dagoba in the Beihai Park

北海公园藏

171

佛香阁修缮工程
竣工集体留念
Photo Taken After the Completion of the
Repairment of the Foxiangge Hall
1954年
长25.5、宽20厘米
颐和园藏

172

紫檀镶牙框嵌紫石雕海屋添筹人物故事插屏

Purple Stone Screen with Carved Sea, Buildings, Figurines and Rosewood Frame with Inlaid Ivory Designs

清乾隆（1736~1795 年）

长 72.5、宽 35、高 109.5 厘米

颐和园藏

此插屏屏心为紫石质，屏面可见仙山浮于海上，生有苍松翠柏，亭台楼阁隐于山中，三位仙人乘在祥云之上，于空中交谈，伴有仙鹤。屏心纹饰呈现出不同的色彩，是将紫石一层层剔除后修整而成，少部分纹饰为雕刻后粘在屏上。插屏四周及底座部分皆为紫檀，大范围采用镂雕缠枝花卉纹，牙板处嵌雕牙龙纹。此件文物体量较大，雕工精细，纹饰繁缛，尽显皇家风采。海屋添筹出自苏轼《东坡志林》卷二，有祝老人长寿的寓意，在清代较为常见，多为皇帝祝寿使用。

173

铜鎏金编钟

Gilding Bronze Bell of a Bell Set

明（1368~1644年）

口长径21、短径17、通高26厘米

天坛公园藏

铜质鎏金。体腔椭圆，钟口平齐，鼓腹收口。海水云气纹山形纽，舞部以钟纽为界，两边各饰一对浮雕飞凤、仙鹤。正背两面钲部浮雕如意卷云纹须弥座无字牌额，牌额顶部分别浮雕飞凤、行龟。牌额左右各铸乳钉9枚，两面共36枚。钟身一侧浮雕海水云气升龙吐珠；一侧浮雕海水云气降龙化鱼。前后隧部各有一突起圆脐。钟体纹饰寓意春、夏、秋、冬四季轮转，金、木、水、火、土五行循环，鹤舞祥云，凤翔九天，满载长治久安、天下太平等无限吉愿。

中和韶乐主奏乐器。作乐时，当镈钟击响后，敲击编钟一下，以宣其声，歌生唱歌词一字。此钟一套应为16枚，大小相同，以厚薄调音，厚者音高，薄者音低。

这件编钟是1901年“庚子事变”时被英军从北京天坛劫走的。英军将其作为战利品存放在印度的军官俱乐部里。1994年7月22日，印度陆军参谋长乔希上将访华时，将该编钟赠送给中国人民解放军总参谋部张万年总参谋长。1995年4月21日国防部经国家文物局、北京市政府，将其移交给天坛公园。

流失海外百年　国际友人善举　027

明代鎏金铜编钟回归天坛

本报讯（记者孙璞）流失海外近一个世纪的明代鎏金铜编钟昨天“回家”，它神采奕奕，金光闪闪，重登天坛祈年殿祭天乐舞馆。这要感谢一位印度将军的善举。

这座身世坎坷的明代鎏金铜编钟，只是一套编钟十六件中的一件，它曾是明清帝王在天坛举行祭天祈谷大典时的重要演奏乐器之一。清光绪二十七（1901）年，它在战乱中被八国联军一英军少校掠走。之后，英军少校将它作为战利品赠送给印度某骑兵团。九十三年后，一位将军将这座珍贵的明代鎏金铜编钟送回了中国。这位将军就是已故印度陆军参谋长乔希上将。他认为，印度不应该保留不属于印度的文物，应该物归原主。他是在去年访华时将这座编钟移交给张万年总参谋长，实现了他多年的愿望的。

这座编钟经国家文物鉴定委员会专家小组鉴定为一级文物。它由国防部经国家文物局、北京市政府移交天坛。

文化部副部长刘德有、国防部外事局副局长詹懋海少将、印度驻华大使达斯古普塔等出席了昨天的移交仪式。国家文物局局长张德勤、副市长何鲁丽在讲话中高度评价了总参领导和印度军方对中国文物保护事业给予的关心和支持，同时希望更多中国流失在外的文物能尽早回归。

下图为实习生贾同军摄

本报讯　据市气象台报告，受蒙古地区南下的冷空气影响，今天，本市天气晴间多云，有五六级偏北风，夜间风力逐渐减小。星期日，晴，风力不大，白天最高气温22℃，夜间最低气温9℃左右。（周晓平）

星期日

天气预报

174

宝云阁铜窗芯

Copper Window Core of the Baoyun Hall

清（1644~1911年）

长106、宽20、厚1厘米

颐和园藏

归还颐和园铜亭窗芯交接仪式

颐和园宝云阁坐落于佛香阁西侧五方阁建筑群的中央，是清代皇家园林中仅存的一座铜铸建筑，原为清代帝后诵经拜佛的场所。殿宇通高 7.55 米，重 207 吨，建筑式样、比例均仿木结构，梁、柱、枋、椽、瓦、斗拱等构件均采用铜铸，是中国古代失蜡熔模技术在建筑上的完美呈现。其铸造工艺复杂，需经过造芯、制模、造型、出蜡、焙烧、浇注、锉凿、打磨、抛光等多道工序，各构件分体铸造、紧密连接，体现了设计结构的精巧和严谨。

咸丰十年（1860 年），英法联军入侵北京，宝云阁内原摆放的佛像、祈拜用具和珍贵文物除大件外，大部分被掠夺和毁坏。之后，经历了八国联军和日本侵略军的抢掠，抗日战争胜利时，宝云阁仅存铜殿架和一个日本投降时运回的铜供桌。此后，因皇家园林疏于管理，偷盗事件不断发生，宝云阁窗扇丢失了许多。

宝云阁内原有铜门 12 扇、铜窗 20 扇、格扇心 70 页，其中 10 扇铜窗于 20 世纪初流失海外。1975 年，法国巴黎法王德古玩店致函故宫博物院称有颐和园铜窗高价求售。1983 年，法国驻华大使夫人受巴黎友人之托，来园查对铜窗尺寸，经工作人员对宝云阁铜窗比对，确定法国人求售的铜窗即颐和园宝云阁丢失之物。1987 年，美国人艾维生为拟举办颐和园展览来园联系，并提出愿意为找回应属颐和园的文物出力。1992 年，美国一家经营国际展览公司的美国人鲍威廉闻知此事，去法国找到收藏铜窗的巴黎巴雷尔画廊古玩店主人雅克 · 巴雷尔夫人，其出具了三件证明（① 1912 年由中国上海海关同意铜窗十扇海运出口收取费用的账单；②由法国古董商联合会第十六届国际展览会接待委员会和法国古董鉴赏专家出具的鉴定书：“十块青铜镂空版是北京颐和园铜殿上的镂空版，是乾隆皇帝建造的”；③ 1911 年一个法国人给另一个法国人的信件，信中述有法国人在上海购得铜窗十扇，曾因是颐和园之物，拟请邮传部大臣盛宣怀出资购买运回北京），证实所收藏铜窗为颐和园之物。1993 年 7 月，美国工商保险公司董事长莫里斯 · 格林伯格出于对中国文物保护事业的理解和支持，出资 51.5 万美元购回 10 扇铜窗，无偿赠还中国。1993 年 7 月 2 日，在法国巴黎巴雷尔画廊举行了铜窗交接仪式，中国驻法国使馆文化参赞代表国家文物局接收了铜窗，并于 7 月 12 日将 10 扇铜窗安全运抵颐和园，时任颐和园园长的王仁凯在颐和园进行了接收。1993 年 12 月 3 日，铜窗安装竣工仪式在颐和园举行。时任全国人大常委会副委员长王光英、北京市市长李其炎、北京市副市长何鲁丽、国家文物局局长张德勤及美国国际集团董事长格林伯格等嘉宾出席了仪式。

归还铜窗，共计 10 扇，有格扇心 20 页，铜窗芯制作精致，雕琢精细的菱花格图案，尺寸不一，大的 4 扇，小的 6 扇。这些格扇心连同颐和园库存的 39 页格扇心，共计 59 页，之后，颐和园又复制了 11 页，将它们安装于原来的位置，恢复了这座精美铜质建筑的完整形象，再现了中国古代建筑和铸造工艺之中的稀世珍品。

后记

在八百多年的历史长河中，北京的古典名园与历史兴衰同步，塑造了不同时期的都城风貌，见证了壮阔的社会发展进程，印证了国弱则园衰，国强则园兴的历史规律，是首都北京无可替代的文化遗产和无与伦比的城市特色。为了进一步贯彻落实习近平总书记“让文物活起来”的指示精神，让历史“说话”，让北京的古典名园“说话”，深刻揭示以颐和园、天坛等为代表的北京古代皇家园林和坛庙在北京城市发展中不可或缺的重要地位和深厚文化，集中展示首都古典名园丰富精美的文物藏品，并向中华人民共和国成立七十周年华诞献上一份首都公园人的美好祝福，由北京市公园管理中心和首都博物馆主办，辽宁省博物馆协办，颐和园、天坛公园、北海公园、中山公园、香山公园、景山公园、北京植物园、北京动物园、陶然亭公园、紫竹院公园、玉渊潭公园 11 家北京市属公园和中国园林博物馆承办的“园说——北京古典名园文物展”，于 2019 年 5 月 18 日在首都博物馆隆重开幕。该展览在 1200 平方米精心设计的展览空间中，以 190 件套文物和 50 余件套珍贵档案资料，生动展示以颐和园、天坛公园等为代表的首都古典名园深厚的历史文化内涵以及在北京都城发展历程中的重要历史地位、多元功能和文化价值。自开展以来，观者络绎，好评如潮，获得了广大观众和各级领导的高度肯定。

本书是“园说——北京古典名园文物展”的文物图录，也是较为全面系统介绍首都古典名园的代表性文物藏品的一本图集。图集中的 190 件套文物是从市属 11 家历史名园和中国园林博物馆所藏的 7 万余件藏品中精选出来的。读者也许要问，从 7 万多件套文物中挑选出 190 件套容易吗？挑选的标准是什么？可以说并不容易！因为作为一本展现北京古典名园历史文化价值和文物收藏的图集，既要考虑到文物藏品的代表性，又要考虑到文物藏品的系统性；既要表现从辽金元明清到民国以及新中国成立七十年来的历史沿革性，重点突出颐和园、天坛公园等世界文化遗产单位的丰富精美的藏品，又要有覆盖到每一家公园的广泛性，对北京市公园管理中心所辖的 11 家历史名园和园林博物馆，扩而展之到地坛、先农坛、日坛、月坛等坛庙园林和玉泉山静明园、圆明园等三山五园，依据其历史地位、功能和藏品状况，尽可能比较系统与合理地予以展现；既要体现园林和文物学术研究的最新成果，又要去挑选“有故事”的文物……这就要求文物拣选者对北京的古典园林发展史和园林艺术史，对每一个公园的每一件文物藏品，都要有相当的了解和认识，并能够从北京公园发展史的整体和宏观的高度及广度上去系统挑选和排列每一件文物藏品的位置。

虽说北京市公园管理中心所辖 12 家单位的文物藏品总量有 7 万余件，分布却很不均衡，其中颐和园就占了将近 4 万件，天坛公园占了 1 万余件，大部分公园文物并不多；有的公园即使有部分文物藏品，但大多为建筑构件、假山石刻、历史档案和近现代书画等，且在时代上比较集中在明清和民国时代。首先，展览筹备组从中挑选最有代表性的文物精品，举凡北海公园的明清书画、天坛公园的编钟编磬和五色瓷祭器、颐和园的巨幅乾隆时期缂丝佛像、慈禧油画像以及历代宫廷旧藏青铜器、瓷器、玉器、家具等，尽量优中选优，奠定和保证了展览的基础和品质。但是，仅靠这些代表性的文物精品是不够的，要想系统展示北京古典园林八百多年的历史变迁和价值特点，弥补展品系统的不足，展览工作组不仅要熟悉和了解各公园提供的在册藏品，还要到各公园进行深入的调研，了解和考证那些“语焉不详”的在册藏品，以及还未列入正式藏品清册的“藏品”，以串联和填补整个展览链条中的缺环和空白。比如北海公园，是北京乃至中国历史上现存最古老和保存最完整的皇家园林，在北京城市发展史上占有重要地位，是北京古典皇家园林的起点和开端，理应给予充分的展示，但无论是其园藏的宋金艮岳遗石、元代大玉海、铁影壁，还是明代石雕影壁等，都因为体量太大无法入展而弃选。为了弥补不可或缺的早期北海历史展示的缺项，展陈策划组经过文献考证和藏品鉴定，发现承光殿上乾隆御笔黑漆金字一块玉”诗文匾一块，借匾上乾隆皇帝“承光匪自今，建置溯辽金……”的自诉，来说明北海公园的悠久历史；再如紫竹院行宫，是北京市属公园紫竹院公园中最重要的文化景点和当年清代皇家乘船沿玉河来往昆明湖的一个重要节点，但紫竹院的重点藏品大都为现当代书画，清代以前的基本为大型石雕。展览策划组在调研时看到有一件清末民初风格的木雕花穿衣镜，紫竹院专业人员介绍说，历史上民国时期紫竹院行宫曾屡被出租达官富商，此穿衣镜来历并无记载，只是历来有“慈禧穿衣镜”的传说。因场地空间的限制，展线上至多只能给紫竹院安排一件展品表现其作为清代长河行宫的历史地位。策展组综合考量后感到，如果这件穿衣镜是民国后的物品，与清代宫廷长河行宫没有关系，那么就只好取消紫竹院部位的藏品展示而代以图文表述。无疑，这会削弱展览效果。为了弄清穿衣镜的时代和价值，策展组短期内进行了大量的考证工作，最终从清代晚期的老照片中发现了多幅清末皇族女性和此种穿衣镜的合影，从而得出这件穿衣镜符合清代行宫用品特点的判断。上展线后，这件藏品引起了观众的浓厚兴趣，获得了很好的展示效果，较好地诠释了紫竹院行宫的历史价值……诸如此类，挑选藏品的过程中还有很多这样的艰苦、曲折和收获。可以说，图录中的每一件入选文物，都凝聚了展览筹备人员大量艰苦的学术劳动以及对北京古典园林的历史、文化和价值的深入理解和思考；也因此在文物展示的逻辑性、系统性、艺术性、观赏性、学术性等方面获得了各界观众、各级领导和专家学者的一致好评。

“园说——北京古典名园文物展”是在中华人民共和国成立70周年这样一个重要的年份，以及“国际博物馆日”和十一国庆的重要时段，在北京市委常委王宁、副市长卢彦的大力支持和亲自推动下，由北京市公园管理中心抽调精干专业力量，所属各公园和单位全力配合，精心打造的北京古典园林文物类专题展览。对此项工作，北京市领导非常重视，副市长卢彦两次专程听取展览大纲和设计方案汇报，要求讲好园林故事、深化展览内容，确保展览质量，给我们做好展览以极大的鞭策和鼓舞；主办单位北京市公园管理中心党委书记、主任张勇高度重视，在不同的阶段三次召开专题会听取展陈工作汇报，明确工作机制和主责人员，审核展览主题，确定大纲结构，为展览工作的有序开展定向把舵；中心副主任张亚红亲自负责，先后召开了九次业务会，从文物挑选、大纲结构确定，到展览设计、文字图表审核，亲力亲为，悉心指导；中心服务处处长缪祥流、副处长温蕊居间统筹协调各单位配合，保障有力；以颐和园副园长秦雷、文物部副主任隗丽佳等为核心人员的展览工作组，在各级领导的大力支持、园林和博物馆界专家学者指导以及各公园专业人员的大力配合下，坚决落实上级领导指示精神、积极工作，深入调研，以饱满的工作热情和严谨的学术态度，经过七个月紧张的工作，从7万多件公园文物中精挑细选出190件套富有代表性的文物展品，分门别类，在此基础上不断深化展览主题和优化展览艺术设计，文字大纲反复锤炼修改了十余稿，展览形式设计方案则反复更多，有的区域如序厅部分则前后做了十七稿方案最后才通过；展览的筹划和施工，还得到了北京园林研究专家、北京市研究学者、博物馆学者的热诚指导；展览的施工和布展获得了首都博物馆同行的大力支持；文物的挑选工作到最后一个月还在进行调整和增减；同时又经过一个多月的现场施工、文物包装运输和布展，最终完成了展览布置工作。这些工作也为文物图录的编辑出版奠定了重要基础。

按照北京市领导和公园管理中心领导要求，与展览同步，要出版一本既汇集了展览文物，又具有园林文化阐释深度和学术参考价值的园林文物精品图集。展览筹备组加紧开展了入展文物的拍摄和图集编撰工作，颐和园副园长秦雷率领颐和园文物部副主任隗丽佳、张利芳和研究室张鹏飞等对图集文字和设计进行了细致的史料搜集、文字编撰、版式设计审校；承担图集出版工作的文物出版社社长张自成和副总编辑刘铁巍对此高度重视，委派冯冬梅为责任编辑、孙之常为摄影师，聘请李猛工作室承担整体装帧设计工作，务求高标准，出精品；北京市公园管理中心主任张勇、副主任张亚红和首都博物馆党委书记白杰亲自关心和审阅书稿，提出完善意见，保证了图集编辑出版工作的顺利开展。在此对此图集的编辑出版做出贡献和付出劳动的各位领导、专家、同事、伙伴致以由衷的感谢！

《园说》图集的出版，凝结着北京市委、北京市公园管理中心各级领导、园林和文博专家、博物馆界同行的热诚关怀和大力支持，体现了首都园林工作者高度的政治责任感和团结协作的工作作风，展现了北京市公园管理中心各级领导和各公园文物工作者良好的统筹组织能力和精益求精的专业态度，书写了新时代首都园林界文物保护管理事业新的篇章！当前，在以习近平新时代中国特色社会主义思想的指引下，中华民族正在实现伟大复兴的“中国梦”，北京古典名园的传承保护与创新发展迎来了新的机遇，北京市属公园的广大干部职工将以此为契机，“不忘初心、牢记使命”，继续为传承公园历史文化，服务人民大众，提升首都功能、建设生态文明做出自己应有的贡献！

编 者

2019年8月31日

POSTSCRIPT

In the more than 800 years history of Beijing as the capital, the classic gardens developed and collapsed with the city, showed the styles of different dynasties, and witnessed the magnificent social development process. The gardens were glory when the dynasties were glory, the gardens were declining when the dynasties declining. However, they have been always the irreplaceable and unmatched cultural heritage of the city. In order to carry out President Xi Jinping's announcement of "to make the antiquities alive", and to let the history speak to current people, we organize this exhibition of the Summer Palace, the Temple of Heaven and other royal gardens in Beijing to make these gardens "speak", and tell the story of the development of the city and the gardens, and the profound cultural characteristics of Beijing. This exhibition, with rich and refined collections from the gardens, is also a present for the 70 anniversary of the People's Republic of China.

The exhibition opened on May 18 2019 under the name A Story of Gardens: An Exhibition of Classical Gardens in Beijing, is sponsored by the Beijing Municipal Administration Center of Parks and the Capital Museum, with the help of the Liaoning Provincial Museum, the Summer Palace, the Temple of Heaven, the Beihai Park, the Zhongshan Park, the Xiangshan Park, the Jingshan Park, the Beijing Botanical Garden, the Beijing Zoo, the Taoranting Park, the Zizhuyuan Park, the Yuyuantan Park and the China Garden Museum.

The exhibition, which is in a finely designed elegant space, includes 190 antiques and more than 50 rarity documents showing the deep historical and cultural significance of the Summer Palace, the Temple of Heaven and other famous classic gardens in Beijing, as well as their crucial role, multi-functions and cultural value in the development of Beijing as the capital. It has attracted a large number of visitors in an endless stream and gets good reputation in the public and the government.

This book, *A Story of Gardens: Essences of the Cultural Heritages of the Famous Classical Gardens in Beijing* is the catalog of the exhibition. It is also a comprehensive introduction of the typical antiques from the collections of these gardens. The 240 items in the book are selected from more than 70,000 items of the collections from 11 famous ancient classic gardens and the China Garden Museum. The readers may ask if it is a easy job to select 190 items from more than 70,000 and what is the criterion? This is definitely not a easy job! Because to edit a book showing the historical and cultural value and the collections of the these famous classic gardens in Beijing, we need to think about both the representativeness and the systematicness of the antiques. We need to show the developmental history of the gardens form the Liao, Jin, Ming, Qing Dynasties and the Republic of China to the 70 years period of the People's Republic of China, to give prominence of the fine collections of the world cultural heritage such as the Summer Palace and the Temple of Heaven, and also to need to cover all the 11 famous classic gardens and the garden museums including the Temple of Earth, the Temple of the God of Agriculture, the Temple of the Sun, the Temple of Moon, the Jingming Garden in the Yuquan Montains, the Yuanmingyuan Garden. We need to keep the balance of different aspects of these gardens, such as the historical role, the function, the situation of collections. We want to tell the public both the latest academic researches and the stories of the antiques. So the person who selects the items on display needs to familiar with the history of the classic gardens in Beijing, the history of garden arts, and the collections in every gardens, and is capable to select and display the items with a macroscopical perspective to provide a comprehensive description of the developmental history of gardens in Beijing.

The 12 units under the administration of Beijing Municipal Administration Center of Parks have more than 70,000 antiques. But the collections of each garden is quite different, with the Summer Palace having nearly 40,000 items, the Temple of Heaven having more than 10,000 items while other gardens having a small number or even no collections. Some gardens just have building parts, rockery parts, stone inscriptions, historical documents and modern time calligraphy and paintings as their collections. Most of them belong to the Ming and Qing Dynasties and the Republic of China period. In order to systematically exhibit the historical changes and characteristic value of the more than 800 years history of these classic gardens in the ancient capital with the un-systematic collections, the working team of the exhibition need to only be familiar with the collection catalogs provided by all the gardens, but also visit the gardens to make surveys of all their collections. The team need to check and make researches on the items which are in the catalog but without detailed information and those have not been put into the catalog.

For example, the Beihai park is the oldest and most completely preserved royal garden in Beijing as well in China. It is very important in the developmental history of Beijing and is the start point of royal garden construction in Beijing. It should be well introduced in the exhibition. However, the most important antiques of the garden, including the *genyue* rockery stones of the Song and Jin Dynasties, the huge jade *hai* basin of the Yuan Dynasty, the iron screen wall of the Yuan Dynasty and the stone carving screen wall of the Ming Dynasty are all to big to move into the exhibition room. In order to show the early history of the park, the team made a carefully research on ancient texts and the collections, and found a *bian* horizontal wooden board of the Chengguang Hall with the inscription of a poem written by Emperor Qianlong. The poem mentions that the Chengguang Hall had been established in the Liao and Jin Dynasties, proving the long history of the Beihai park.

For another example, the Zizhu royal villa is the most important part of the current Zizhuyuan park under the administration of Beijing government. In the Qing Dynasty, it had been a very important stop beside the waterway for the royal family from the central city to the Kunming Lake through the Yu River. But the most of the items in the collection of Zizhuyuan is modern calligraphies and paintings, the items of or before the Qing Dynasty are mainly large stone carvings. Our team saw a late Qing or early Republic of China period full-length dressing mirror with carved wooden frame during the survey of the park's collection. The specialist of the Zizhuyuan said that in the Republic of China period, the villa have been rented out to high ranking officers and rich merchants for many times and there is no record of the mirror except a rumor that it is the dressing mirror of Empress Cixi. Because of the limited space of the exhibition room, the team can only select one item from the Zizhuyuan collection to show its importance as the Changhe royal villa.

Since all the other items are not good for the exhibition either for their size or contents, the team, after a long discussion, want to select the mirror, but really worried if it was in fact an item of the Republic of China and has not relationship with the Changhe royal villa of the Qing royal court. If this is the case, the team had to refused the mirror and use pictures and texts to introduce Zizhuyuan and this will definitely weak the importance of the park. In order to know the date and value of the mirror, the team made a lot of research in a short period, and finally found some old photos showing female members of the Qing royal family standing with similar mirrors, indicating the high possibility that the mirror might have been a furniture of the Changhe villa. This item rose high interests of the audience and had proved to be a good antique to show the historical value of the Zizhu royal villa. The team had a lot of similar hard, circuitous but also fruitful experience during the selection of these items. We can say that each item in the book is the result of a large amount of hard academic work and well understanding of the historical and cultural value of the classic gardens in Beijing. So the exhibition obtain the unanimous good reputation from the audience of different background, the specialists and the heads of relative administrations of the government.

This exhibition A Story of Gardens: An Exhibition of Classical Gardens in Beijing is organized under the direct support and promotion of Mr. Wang Ning, the deputy secretary of the Beijing Committee of Communist Party and Mr. Lu Yan, the deputy mayor of Beijing Municipal Government and is a special present of the 70 anniversary of the People's Republic of China and the Internationl Museum's Day. With the help of all the parks and other relative institutions, the Beijing Municipal Administration Center of Parks gathered highly trained specialists to carefully make this characteristic exhibition of special antiques of the classic gardens of Beijing. The preparation of this exhibition got high attention of the leaders of the Beijing Municipal Administration Center of Parks. Deputy Mayor Lu Yan attended twice the discussion of the outline and designing scheme, and asked the team to explore more of the data and tell a good story of these gardens with a high quality exhibition. This is a enormous urge and encouragement for our work.

Mr. Zhang Yong, director of Beijing Municipal Administration Center of Parks also paid high attention of the work. He joined the meeting three times in different stages of the preparation, making decisions on the organization and the head of the working team, and examining the topic and outline of the exhibition to direct the team on the right way to carry out their work. Mr. Zhang Yahong, deputy director of Beijing Garden Management Center joined for 9 times the meetings on the exhibition and gave direct guidance for the selection of items, the structure of the outline, the design of the exhibition, and the use of texts, tables and images. Mr. Miao Xiangliu and Mrs. Wen Rui, the head and deputy head of the Department of Logistics of the Beijing Municipal Administration Center of Parks had well organized relative departments to provided strong support for the work.

Mr. Qin Lei, deputy curator of the Summer Palace, Mrs Wei Lijia, deputy head of the Antique Department of the Summer Palace, and Mrs. Gu Yuan, head of the Exhibition Department of the China Garden Museum are the main member of the working team. With the strong support of our leaders and the direction of specialists on gardens and museums, as well as the cooperation of colleagues from all the gardens, the team kept to work and do the thorough researches actively with full energy and strict academic manner and firmly according to the guidance. After 7 months of hard work, they selected 190 representative items for exhibition from the more than 70,000 items from the collections of the gardens. They divided these items into according to different topics, and than kept refining the design of the exhibition and exploring the significance of the topics. They rewrote the outline of the exhibition for more than 10 times, and made more changes of the designing scheme. Some parts of the exhibition, for example the preface part, had been edited for 17 times before it was carried out. The preparation and execution of the exhibition also got the guidance of the garden specialists, researchers on in Beijing history and scholars on museology. Our colleagues from the Capital Museum also provided strong support during the work. The selection of the items kept going in the last month before the exhibition, and the work in the exhibition rooms and the transportation and display of the items cost more than one month. All these great work is the important foundation of the editing and publication of this book.

According to the request of the heads of the Beijing municipal government and the leaders of the Beijing Municipal Administration Center of Parks to publish a book of the items in the exhibition and on the comprehensive interpretation of garden culture, the editing of the book started with the preparation of the exhibition. The working team for the exhibition at the same time started to take photos of all the items for the book. Mr. Zhang Zicheng, CEO of the Cultural Relics Press and Mrs Liu Tiewei, deputy editor-in-chief of the Cultural Relics Press pay high attention of the book and appointed Mrs Feng Dongmei to be the chief editor, Mr. Sun Zhichang the photographer. The Li Meng Workshop is invited to take charge of the book design. Mr. Qin Lei, Wei Lijia and Zhang Pengfei from the Summer Palace conducted carefully the historical texts collection, writing, and editing job. Mr. Zhang Yong and Mrs. Zhang Yahong, director and deputy director of Beijing Municipal Administration Center of Parks, and Mr. Bai Jie, Secretary of the Party Committee of the Capital Museum checked the draft in persons and provided important suggestions to make it better. Their job is crucial for the successful publication of the book. Here, we express our deep appreciation for the great contribution of all the leaders, specialists, colleagues and friends.

The publication of this book is the result of the warm-hearted consideration and great support. It is an excellent example of the high political responsibility and strict academic attitude of the staff of the gardens in the capital, and the outstanding work and management ability of the heads of the Beijing Municipal Administration Center of Parks and their staff on cultural relics management in the gardens. The book writes a new chapter for the development of the conservation and management of gardens in the capital in the new era! Under the guidance of the Xi Jinping's Socialism with Chinese characteristics for a New Era, Chinese people is working hard to make the Chinese Dream true. The conservation and innovative development of the classic gardens in Beijing meets a new opportunity. All the staff of the gardens under the Beijing municipal government will "Remain true to our original aspiration and keep our mission firmly in mind", and do our best to make contribution for the continuity of garden culture, the service for the public, the improvement of capital function, and the construction of ecological civilization!

Editor

August 31, 2019

庆祝颐和园文昌院落成开馆
2013

喜迎香港回归祖国怀抱
景山公园
北京 天坛公园 留影
TIAN TAN GONG YUAN
1974
北京 天坛公园 留影
TIAN TAN GONG YUAN
1979
北京万寿山留影1958．6
北京万寿山留影1960．6
游万寿山留念 54.5
北京万寿山留影1959．5
北京万寿山留影1957．7